O que

A FÉ

não é

Mitch Finley

O que
A FÉ
não é

Tradução
Cecília Camargo Bartalotti

Edições Loyola

Título original
What Faith is not
© 2001 by Mitch Finley
Sheed & Ward
7373 South Lovers Lane Road
Franklin, Wisconsin 53132
ISBN 1-58051-103-1

PREPARAÇÃO: Maurício Balthazar Leal
DIAGRAMAÇÃO: Miriam de Melo Francisco
REVISÃO: Carlos Alberto Bárbaro

Edições Loyola
Rua 1822 nº 347 – Ipiranga
04216-000 São Paulo, SP
Caixa Postal 42.335 – 04218-970 – São Paulo, SP
Tel.: (11) 6914-1922
Fax: (11) 6163-4275
Home page e vendas: www.loyola.com.br
Editorial: loyola@loyola.com.br
Vendas: vendas@loyola.com.br

ISBN: 85-15-02875-1

Sumário

INTRODUÇÃO

Por que um livro sobre o que a fé não é?

A linguagem religiosa tem um propósito específico: possibilitar que as pessoas conversem sobre a experiência religiosa humana. Em particular, para os cristãos, a linguagem religiosa existe para que falemos de Deus, de Jesus, do Espírito Santo e dos mistérios centrais da fé cristã. O problema é que a linguagem está ligada a idéias humanas, e essas idéias são, necessariamente, limitadas por natureza. Simplesmente não é possível conceitos humanos finitos expressarem plenamente o infinito.

Por um lado, a linguagem humana é tudo que temos para falar de Deus, e ela de fato transmite um conhecimento verdadeiro e acurado acerca de Deus e da experiência humana de Deus. Por outro lado, como as idéias humanas são finitas, isto significa que a linguagem religiosa também pode induzir ao erro. Ou seja, a linguagem religiosa pode tanto revelar como esconder.

O *Catecismo da Igreja Católica* expressa-se da seguinte maneira:

> Como nosso conhecimento de Deus é limitado, também é limitada nossa linguagem sobre ele. Só podemos falar de Deus tomando as

criaturas como nosso ponto de partida, e segundo nosso modo humano limitado de conhecer e pensar[1].

Repetindo, a linguagem religiosa pode tanto revelar como esconder. Ela é tudo de que dispomos para falar de Deus e da experiência religiosa, mas precisamos ter em mente que é tão fácil a linguagem religiosa nos orientar quanto nos desorientar. Além disso, ao longo do tempo — séculos, de fato —, a linguagem religiosa tem uma tendência a se distorcer. Mesmo uma palavra tão básica quanto *Deus* assume incontáveis matizes de significado e suas nuances se tornam quase infinitas. *Deus* pode facilmente ter significados diversos para duas pessoas diferentes.

Dependendo de todo tipo de fatores e influências, *Deus* pode evocar fortes sentimentos de medo e culpa, até mesmo raiva, para uma pessoa, sentimentos de segurança, amor e confiança para outra, e indiferença emocional para uma terceira. Depende muito de como pais, professores e outros adultos importantes usam a palavra *Deus* durante os anos em que somos crianças.

Para muitas pessoas, uma das tarefas mais importantes — e às vezes uma das mais difíceis — da vida adulta é purificar sua linguagem religiosa. Com freqüência, os adultos precisam combinar seus conceitos religiosos com a verdade a que esses conceitos de fato se referem. Algumas vezes, os adultos têm de se esforçar para dissociar a linguagem religiosa de sentimentos e idéias inadequados. Esta é uma das tarefas de uma religião adulta e de uma espiritualidade adulta.

Tomemos outra palavra convencional como exemplo, desta vez *salvação*. Pergunte a um cristão fundamentalista o que essa palavra significa e a resposta provavelmente será que salvação significa ser "salvo" dos pecados e resgatado de uma eternidade no inferno. Um fundamentalista tenderá a usar citações de vários textos das Escrituras, como a conhecida parábola das ovelhas e dos cabritos em Mt 25,41:

> Então ele [o rei, isto é, Deus] dirá aos que estiverem à sua esquerda: "Retirai-vos para longe de mim, malditos, para o fogo eterno que foi preparado para o diabo e para seus anjos".

---

1. *Catechism of the Catholic Church*, 2. ed., Washington, D.C., United States Catholic Conference/Libreria Editrice Vaticana, 1997, n. 40.

Um cristão fundamentalista lhe dirá que a *salvação* requer que se "aceite Jesus Cristo como seu salvador pessoal". Apenas dessa maneira evitaremos ir para o inferno quando morrermos.

De fato, não são só os cristãos fundamentalistas que recitam uma fórmula referente a ser salvo do inferno quando indagados acerca da *salvação*. Este é um entendimento bastante usual entre a maioria dos cristãos, mesmo aqueles que não acreditam que a *salvação* possa ocorrer no segundo em que se "aceita Jesus Cristo como seu salvador pessoal". O entendimento mais comum de *salvação* é que, depois da morte, evitaremos o inferno e ganharemos o céu.

Um exame mais atento dos estudos sobre o Novo Testamento desde meados do século XX oferece um entendimento mais sutil de *salvação*. No Novo Testamento, *salvação* significa "libertação da escravidão ao pecado e à morte"[2]. Esse entendimento afasta-se de uma visão literalista de ser resgatado das chamas do inferno depois da morte, por um lado; e, por outro lado, permite que *salvação* se torne um conceito que abrange esta vida e este mundo, assim como a próxima vida e o destino após a morte.

Poderíamos dizer que *salvação* refere-se a cura e libertação tanto nesta vida como na próxima. Este é um entendimento que provavelmente fará mais sentido para as pessoas do século XXI do que uma interpretação que se limite a uma mitologia literalista de escape de uma eternidade literal nas chamas literais do inferno, que tem pouco a ver com o aqui e o agora.

O fato é que, claro, *salvação* também é uma palavra religiosa para a qual não se encontrará um entendimento comum numa seleção aleatória de uma dúzia de pessoas. Mesmo que todas as doze pessoas se identifiquem como cristãs, é provável que não se chegue a um acordo quanto ao significado dessa palavra. Caso se introduza na mistura alguns judeus, uns dois muçulmanos, dois ou três budistas e hindus e um ocasional uniata, o consenso será ainda menor.

Façamos uma pausa para pensar em todos os termos religiosos convencionais em relação aos quais poderíamos aplicar uma argumen-

---

2. Gerald O'COLLINS, SJ, Edward G. FARRUGIA, SJ, *A concise dictionary of theology*. ed. rev. e ampl., Mahwah, NJ, Paulist Press, 2000, 233.

tação semelhante: *pecado*, *graça*, *arrependimento*, *Igreja*, *redenção, Deus*... e, claro, *fé*, que é o tema deste livro. *Fé* é um dos termos religiosos mais comuns, mas é também um dos mais freqüentemente mal compreendidos. Cada capítulo deste livro tomará um entendimento equivocado comum de *fé* é o examinará com algum detalhamento. A finalidade de cada reflexão é compreender melhor o que a fé *não* é, a fim de chegar a uma melhor compressão do que a fé realmente é.

Algumas palavras de Thomas Merton (1915-1968), o grande monge trapista, poeta, autor e crítico social do século XX, além de convertido ao catolicismo, são relevantes. Comentando a fé católica já no fim de sua vida, Merton escreveu em seu diário:

> Não há nada mais importante do que o dom da fé católica — e manter essa fé pura e clara[3].

A finalidade de nossa reflexão neste livro, seja você cristão ou de outra crença, é nutrir o seu contínuo esforço para manter sua fé "pura e clara"; livrar sua fé de noções equivocadas, distorcidas ou desequilibradas para que ela possa ser mais forte e mais vibrante, para que ela possa resplandecer mais claramente neste mundo e ser uma testemunha mais brilhante d'Aquele de quem a fé vem como um dom.

Ao mesmo tempo, quero deixar claro que, como autor deste livro, não afirmo ter o entendimento completo de toda a verdade. Sou alguém que procura, tanto quanto você, leitor. Falo simplesmente como uma pessoa que já dedicou a este tópico alguma reflexão e gostaria de compartilhar as suas conclusões. Juntos, talvez possamos chegar um pouco mais perto da verdade do que é a fé.

---

3. Thomas MERTON, *Dancing in the water of life: Seeking peace in the hermitage*, org.. Robert E. Daggy, San Francisco, HarperSanFrancisco, 1997, 317.

1

A fé não é uma aspirina espiritual

Às vezes, tanto pessoas que crêem como as que não crêem têm a idéia de que a fé deve ser uma espécie de analgésico, uma aspirina, ibuprofeno ou acetaminofeno espiritual que, se não chega a eliminar as angústias e mágoas da vida, pelo menos aliviará a dor. Algumas vezes, fiéis pensam que, se eles sofrem quando a vida é difícil, isso significa que a sua fé é fraca ou inexistente. Às vezes, pessoas que não crêem acusam as pessoas religiosas de ser inseguras, dizendo que a religião é pouco mais do que uma forma de inocular-se contra o que *Hamlet*, de Shakespeare, chamou de "os dardos e setas de um ultrajante fado"[1].

Tais fiéis e não-fiéis estão errados, claro. A fé não é, e jamais pode ser, um analgésico espiritual. Quando a vida se torna uma dor de cabeça, ou uma dor nas costas ou no coração, a fé o ajuda a enfrentá-la, não a correr na direção oposta. Às vezes podemos esquecer que, embora fosse o Filho de Deus, por ter sido também totalmente humano durante

1. William SHAKESPEARE, *Hamlet*, Ato III, cena I, 60.

a sua vida terrena, Jesus teve de ter fé. Como era divino, ele tinha uma intimidade ontológica única com seu Pai — ou seja, uma intimidade que existia no nível mais básico do seu ser; como era humano, ele era um homem de oração. Portanto, Jesus é o modelo de fé por excelência.

Para Jesus, a fé não era um analgésico. Os Evangelhos fazem questão de nos mostrar, de fato, que a fé de Jesus o levou a aceitar a dor e o sofrimento, e não a fugir deles. Nos Evangelhos, encontramos um Jesus para quem a última coisa que a fé poderia ser era uma dose de morfina. As linhas a seguir dos Evangelhos não nos mostram um Jesus cuja fé funcionasse como um analgésico:

> Eles chegam a uma propriedade, cujo nome é Getsêmani, e ele diz a seus discípulos: "Ficai aqui, enquanto eu vou rezar". Ele leva consigo Pedro, Tiago e João. E começou a experimentar pavor e angústia. Ele lhes disse: "Minha alma está triste a ponto de morrer. Permanecei aqui e vigiai". E, indo um pouco mais longe, caiu por terra e orou para que, se possível, esta hora passasse longe dele. Dizia: "*Abbá*, Pai, tudo te é possível, afasta de mim essa taça! Entretanto, não o que eu quero, mas o que tu queres!" (Mc 14,32-36).

> Levando consigo Pedro e os dois filhos de Zebedeu, ele começou a sentir tristeza e angústia. Disse-lhes então: "Minha alma está triste a ponto de morrer. Permanecei aqui e vigiai comigo". E indo um pouco mais longe e caindo de rosto em terra, ele orava, dizendo: "Meu Pai, se é possível, esta taça passe longe de mim! Todavia, não como eu quero, mas como tu queres!" (Mt 26,37-39).

> Tomado de angústia, ele rezava mais instantemente, e o seu suor se tornou como coágulos de sangue que caíam por terra (Lc 22,44).

A fé de Jesus não o salvou da dor e do sofrimento, nem durante a sua vida, nem enquanto morria pendurado na cruz. Portanto, seria totalmente inadequado pensarmos na fé como uma forma de escapar da dor e do sofrimento, como uma espécie de novocaína espiritual. Por outro lado, a fé não resulta numa pessoa psicologicamente doente, que procure dor e sofrimento, que "goste" da dor. Uma pessoa de fé não é masoquista. Está claro nas passagens do Evangelho citadas acima que

Jesus não *queria* sofrer; no entanto, para ele o caminho era aceitar o mistério da vontade de seu Pai. Se a dor e o sofrimento eram inevitáveis, ele estava pronto para aceitá-los, e é isso que a fé faz: ela aceita a dor e o sofrimento quando estes são inevitáveis, em prol do mistério maior da vontade de Deus na vida das pessoas.

Isto, porém, suscita outra grande pergunta. Deus quer que experimentemos dor e sofrimento? Ele queria que Jesus sofresse? Ele quer que nós soframos? Nosso Deus é um sádico que gostou de ver seu próprio Filho sofrer e morrer? Ele gosta de nos ver sofrer e, por fim, morrer? Então aqui estamos no meio de um dos grandes mistérios da existência humana: o mistério do sofrimento e da morte.

Chamar o sofrimento de mistério, no entanto, não significa que possamos deixar de lado a necessidade de tentar entender melhor. Sim, o sofrimento humano é um mistério, e é um mistério em que a fé cristã se encontra unida ao sofrimento, à morte — e à Ressurreição! — de Jesus. Sim, na análise final, só podemos aceitar o grande mistério do sofrimento na fé. Mas, depois de tudo isso, ainda resta a pergunta: *Por quê?* Por que precisamos sofrer? Talvez a melhor resposta, embora ainda terrivelmente inadequada, seja uma que é escandalosamente filosófica — "escandalosamente" porque essa resposta pode parecer indiferente à realidade da dor e da angústia do sofrimento humano sentido e real. Ainda assim, pode ser a melhor de que dispomos.

Talvez exista sofrimento precisamente porque nós, seres humanos, somos uma combinação, em nosso próprio ser, do físico e do espiritual. Somos almas encarnadas, ou corpos cheios de alma, e nossa dinâmica inerente, ou orientação, é no sentido de uma unidade perfeita de alma e corpo e, conforme nos movemos para essa unidade no tempo e no espaço, uma conseqüência inevitável é o sofrimento em vários níveis do nosso ser. Temos o sofrimento físico, o emocional, o psicológico e o espiritual, e todos eles são, em última instância, resultado do movimento em direção ao nosso destino final: a unidade corpo-alma perfeita além do espaço e do tempo. O sofrimento é resultado de nossa condição imperfeita e não tem nada a ver com falhas ou culpas pessoais. O sofrimento simplesmente *é*.

Assim como uma mulher sofre ao dar à luz um bebê, também nós sofremos quando damos nascimento a nós mesmos. A fé, a autêntica fé cristã, ilumina nosso sofrimento mostrando-nos que, nele, nós estamos com e em Cristo, que também experimentou o sofrimento humano. Em outras palavras, a única maneira de encontrar algum sentido no sofrimento é por meio de um misticismo cristão do sofrimento. Não gostamos de sofrer, mas a fé nos mostra que, no sofrimento, estamos unidos a Cristo, que está conosco no mistério de nosso sofrimento[2].

Note-se, porém, que quando chamamos a dor e o sofrimento humanos de "mistério", isto não é meramente uma maneira de evitar uma tentativa de explicá-los ou entendê-los. Usamos o termo mistério em seu sentido teológico, como uma realidade humana que revela ou que nos põe em contato com o amor salvador de Deus, um amor que transcende tanto nossa capacidade de compreensão que não podemos jamais ter a esperança de entendê-lo. Em vez de compreender o mistério da dor e do sofrimento, somos "compreendidos" por ele; pela dor e pelo sofrimento, somos apreendidos no amor de Deus de um modo que simplesmente não podemos decifrar. "Não é a mente humana que compreende Deus; a majestade divina nos compreende."[3]

Por mais difícil que possa parecer, precisamos ver que, em seu sofrimento e morte, Jesus foi apoiado pelo amor de Deus, e o mesmo se aplica a nós. De uma maneira que revela o amor de Deus por nós, é o exemplo de Jesus que torna aceitáveis a dor e o sofrimento inaceitáveis. Pois ele não se recusou a aceitar essa parte misteriosa do ser humano, mas a assumiu mesmo ao ponto do pior tipo de sofrimento e morte. Em outras palavras, Jesus foi até lá para que a pessoa de fé veja que é possível ir até lá também. Se o termo "confiança cega" tem algum significado, é em meio à dor e ao sofrimento que isso acontece.

Nosso Deus não tem nenhum prazer com a dor e o sofrimento de seu Filho ou com a dor e o sofrimento de qualquer uma de suas criaturas, inclusive nós. Podemos até dizer que Deus sofre quando sofremos; que Deus chora quando choramos; que Deus não deseja o so-

---

2. Para uma excelente e mais completa discussão do sofrimento numa perspectiva das Escrituras, ver Daniel HARRINGTON, SJ, *Why do we suffer?*, Franklin, WI, Sheed & Ward, 2000.

3. O'COLLINS, FARRUGIA, *A concise dictionary of theology*, 169.

frimento humano, mas está conosco em meio à dor e ao sofrimento. Se a imagem do Filho de Deus morrendo na cruz significa alguma coisa, é que ele está conosco em nossa dor, em nosso sofrimento e em nossa morte. Significa que, por uma razão que não podemos compreender, e de uma maneira que não podemos entender mas podemos sentir, a dor e o sofrimento que são inevitáveis nesta vida fazem parte do processo pelo qual nos movemos do tempo para a eternidade e da morte para a ressurreição.

Poderíamos pensar, como metáfora, numa mulher em trabalho de parto dando à luz uma criança, com a diferença de que aqui estamos falando em dar nascimento a *nós mesmos*. É como se a transição do tempo para a eternidade — que é, em grande medida, o sentido da vida — fosse uma espécie de trabalho de parto a dar nascimento a nós mesmos, e como se a transição da vida para a vida eterna, do espírito incorporado para o espírito incorporado "ressuscitado", não pudesse acontecer sem o que percebemos como dor e sofrimento humanos. Apenas a fé nos dá o conhecimento de que isso é assim e apenas a fé torna possível que o experimentemos como tal.

Longe de ser uma forma de novocaína espiritual, a fé aceita a angústia, a ansiedade e a dor física inevitáveis — ao mesmo tempo em que faz uso de todos os alívios médicos que possam estar disponíveis, com exceção do mal do suicídio assistido — e encontra nessa aceitação uma misteriosa e mística união com o sofrimento, morte e Ressurreição de Cristo. Chega um ponto em que as palavras simplesmente não servem mais, e apenas aqueles que conhecem grande dor e sofrimento têm o direito de falar sobre a intimidade entre fé e sofrimento humano.

O catolicismo com freqüência exibe os santos como exemplos de sofrimento heróico, e às vezes as histórias sobre santos parecem apresentar uma aceitação do sofrimento que beira o masoquismo. Tomemos o caso de Santa Teresa de Lisieux, a autora de *História de uma alma*, um dos mais populares clássicos espirituais da nossa era[4]. Essa jovem freira carmelita francesa morreu de tuberculose aos 24 anos, em 1897. Na tarde de sua

4. *História de uma alma*, São Paulo, Loyola, 1996.

morte, parecia que sua agonia nunca iria terminar. Teresa disse: "Não vou morrer ainda? Muito bem, que assim seja. Eu não quero sofrer menos"[5].

A questão não era que Teresa queria sofrer. A questão foi que ela aceitou o mistério da vontade de Deus, qualquer que esta pudesse ser, e, como seu sofrimento era inevitável, ela só podia compreendê-lo como uma manifestação da vontade de Deus. Caso tivesse se recuperado miraculosamente, Teresa aceitaria isso tão prontamente quanto aceitava a morte. Não fazia diferença para ela, desde que pudesse unir a sua vontade à vontade evidente de Deus, qualquer que fosse ela.

O teólogo e contador de histórias John Shea relata um acontecimento que ilustra de forma bem-humorada como a fé genuína pode ser qualquer coisa, menos uma aspirina espiritual. Deitado na praia num dia de verão, Shea viu dois rapazes se aproximarem vestindo terno escuro e gravata, com Bíblias nas mãos. Um dos jovens perguntou para Shea: "Você já encontrou Jesus Cristo?" Shea respondeu: "Infelizmente, já!"[6]

Os dois rapazes, muito provavelmente, não estavam esperando essa resposta. Mas a idéia de Shea foi bem entendida. Às vezes, "encontrar Jesus Cristo" pode causar considerável incômodo e inconveniência. Às vezes, a fé nos leva em direções que não teríamos escolhido por conta própria. A fé autêntica com freqüência resulta em assumir riscos, às vezes grandes. Há inúmeros exemplos disso, claro, nas vidas dos santos e de outros homens e mulheres extraordinariamente piedosos. Mas há ainda mais exemplos de tal fé nas vidas de homens e mulheres comuns.

Jovens que se casam com a percepção de que seu casamento é a forma em que eles são chamados a viver a sua fé assumem um risco definido ao fazer isso. Não há garantias. Conceber e dar à luz uma criança também é arriscado. Uma vez mais, não há garantias. Pais de bebês e de crianças pequenas às vezes acham que, se fizerem "todas as coisas certas", seus filhos se tornarão jovens adultos ideais em todos os aspectos. No entanto, as crianças têm o seu jeito de ser e de se tornar elas próprias, por mais que seus pais tentem moldá-las para ser as pessoas que eles

---

5. Citado em Monica FURLONG, *Thèrése de Lisieux*. New York, Pantheon Books, 1987, 120.

6. Ouvido pelo autor numa palestra proferida por John Shea.

gostariam que elas fossem. É preciso uma fé que conheça muita angústia para aceitar tudo isso e continuar orando pelos filhos, quaisquer que sejam as escolhas, boas ou ruins, que eles fizerem.

O sofrimento que a fé aceita não é limitado a dor e sofrimento físicos, claro. Às vezes, viver pela fé traz angústia mental e insegurança emocional — bem o oposto de ser um alívio espiritual para a dor. Há inúmeras histórias reais de pessoas cheias de fé cujas vidas teriam sido bem mais fáceis se elas tivessem desistido de viver o Evangelho. Pensemos, por exemplo, nos muitos ativistas pela paz na segunda metade do século XX que acabaram na prisão porque sua fé os levou a tomar atitudes, tecnicamente ilegais, contra a proliferação de armas de destruição em massa, ou a protestar e clamar para pôr um fim na guerra do Vietnã.

Pensemos nos muitos cristãos ativistas dos direitos civis durante as décadas de 1950 e 1960 — sendo um ministro batista, o reverendo Martin Luther King, Jr., o mais proeminente deles — que arriscaram o próprio pescoço para promover a causa dos direitos civis dos afro-americanos nos Estados Unidos. Sua disposição a tomar tais iniciativas pode, em muitos casos, ser atribuída diretamente à sua fé cristã. Para os ativistas da paz e dos direitos civis, a fé pode ser qualquer coisa, menos um alívio para a dor; muito pelo contrário.

Estes são exemplos de situações que, além de historicamente significativas, são também extraordinárias no sentido de que não envolvem pessoas vivendo a sua fé de maneiras comuns e cotidianas. Para ver como a última coisa que a fé pode ser é uma aspirina espiritual em situações em que ela é vivida de uma forma comum por incontáveis pessoas das quais a história mal toma conhecimento, precisamos consultar a nossa própria experiência e a de nossos parentes, amigos e conhecidos. Isso, afinal, é como a fé é vivida na maior parte do tempo — de modos pouco notáveis, pouco perceptíveis, porém quietamente heróicos.

Comece pensando na experiência de qualquer casal casado que você conheça cuja fé seja um fundamento de seu casamento — não só o tipo de fé da ida à missa aos domingos ou de ocasionais idas à missa aos domingos, mas uma fé que defina quem eles são como indivíduos e como casal. Em alguns casos, essa fé foi básica para o casamento desde o primeiro encontro do casal, porque já era básica para cada um deles antes de se conhecerem. Em outros casos, a fé tornou-se central posteriormente na relação do casal, depois de terem se conhecido, ou mesmo mais tarde ainda, depois de já estarem casados há alguns anos. Qualquer que seja a situação, a questão é que, para esse casal, sua fé é o que os faz "funcionar" como casal. É o que torna possível eles terem um casamento bem-sucedido, um casamento fiel ao longo dos altos e baixos da vida conjugal e da vida em geral. Por mais lugar-comum que isto soe, um trajeto numa montanha-russa é às vezes uma metáfora melhor para compreender um casamento do que a de uma viagem por uma agradável auto-estrada no campo.

Anos atrás, Joan Meyer Anzia, MD., e Mary G. Durkin, DMn, sugeriram que qualquer casamento vivo se encontra em algum ponto de um processo constante que é ao mesmo tempo cíclico e espiral[7]. Em qualquer dado momento no casamento, o casal está em uma das seguintes fases: apaixonado, assentado, no ponto mais baixo ou começando de novo.

Apaixonar-se é uma experiência extática, quase mística, vitalmente importante para o relacionamento, embora com freqüência menosprezada como superficial e insignificante. Apaixonar-se é um antegozo do paraíso, e qualquer marido e mulher que se prezem valorizarão essa experiência e não a deixarão desaparecer completamente, por mais tempo que estejam casados. Apaixonar-se, num sentido maduro, deve ser sempre parte de um casamento maduro e saudável.

Assentar-se é algo que acontece naturalmente. Nenhum casal pode manter o êxtase da paixão indefinidamente. Se tentassem fazer isso, algo no relacionamento entraria em "curto-circuito" e o casamento teria um fusível queimado. A vida cotidiana e suas exigências invariavelmente se impõem e demandam atenção. O trabalho e todas as coisas necessárias para manter uma vida doméstica fazem o casal sair do enlevo místico que caracteriza o apaixonar-se. O desafio é evitar que a fase de assentamento torne-se mero enfado entre marido e mulher.

Chegar ao ponto mais baixo, porém, acontece quase invariavelmente com qualquer casal casado. Mais cedo ou mais tarde, marido e

---

7. Joan Meyer ANZIA, MD, Mary G. DURKIN, DMn, *Marital intimacy: A catholic perspective*, Chicago, Loyola Press, 1980.

mulher enxergam o "lado negro" do parceiro. Mais cedo ou mais tarde, a lua-de-mel termina e cada cônjuge vê o outro como realmente é, com todas as suas imperfeições. Ele faz barulhos irritantes quando come e deixa as meias sujas jogadas pelo chão do quarto, além de, na maior parte do tempo, não ser a pessoa mais romântica do mundo. Ela chora aparentemente sem razão, aperta o tubo de pasta de dentes pelo meio e fica tempo demais no chuveiro gastando a água quente. Ele gosta de ficar acordado até tarde quase todas as noites. Ela gosta de ir para a cama cedo. Ele gosta de ver futebol na televisão durante horas nos fins de semana. Ela quer sair para longos passeios de bicicleta nos fins de semana. Os sogros interferem. Filhos são uma alegria, mas também são, às vezes, fonte de grande tensão. Às vezes, surgem vícios em um ou em ambos os cônjuges. Por fim, tudo isso vai se somando e o casamento torna-se tedioso, irritante, periclitante ou desgastado.

Começar de novo, porém, é sempre uma opção, pois é aqui que a fé se mostra particularmente importante num casamento, e essa fé com certeza não é nenhuma diversão, nenhum analgésico, nenhuma novocaína espiritual. É uma fé, contudo, que tem um distintivo caráter conjugal, no sentido de que é sexual. Anzia e Durkin descrevem-na assim:

> Há um sentimento poderoso, sexual e irracional entre nós que não podemos destruir; ele parece ser algo estabelecido. É tão incongruente, é quase estranho. Estamos sob o encanto de uma muito misteriosa reviravolta dos acontecimentos quando menos a esperamos. A redescoberta de nossa paixão sexual "no poço" de nossa vida juntos é um momento de graça[8].

Quando um casamento chega ao fundo do poço, seja a emoção dominante na experiência irritação ou tédio, ou uma mistura de ambos, a fé oferece a graça de começar outra vez — se marido e mulher estiverem abertos para essa fé. É uma fé que exige que cada um morra para si mesmo, passe por cima das irritações justificadas ou da falsa segurança do tédio e ceda, antes de tudo, à paixão sexual. É necessário fé para fazer isso, uma fé que é como ferro e pode parecer igualmente fria no momento.

---

8. Ibid., 56.

A experiência mais comum de uma fé que não é alívio para a dor é aquela compartilhada pelos pais, qualquer que seja a idade de seus filhos. Desde o momento em que um bebê nasce, essa criança normalmente é fonte de profunda alegria para os pais. Mas não há como contornar o fato de que filhos podem ser, e com freqüência são, fonte de muita angústia, preocupação, irritação, estresse e decepção. É raro o pai/mãe que tem filhos ideais, crianças que se superam, nunca arrumam confusão e confirmam todas as expectativas dos pais.

A tendência de uma cultura consumista a romantizar os filhos e a paternidade/maternidade a fim de vender produtos contribui para a sensação de culpa parental quando os filhos não correspondem ao ideal romântico — quando o bebê não se comporta como os bebês dos comerciais de televisão ou não se parece com o bebê no rótulo do potinho de comida infantil; quando a criança de 2 ou 3 anos faz um escândalo no supermercado; quando a criança de 8 anos tem um comportamento ruim na escola ou não se interessa por obter boas notas; quando o pré-adolescente decide experimentar cigarros ou maconha; quando o adolescente precisa de remédios para depressão ou destrói o carro.

Os pais que trazem uma fé viva para a sua função sabem que essa fé não é de forma alguma um analgésico. Uma considerável dor mental, angústia emocional e muitas noites em claro acompanham a tentativa de ser um bom pai/mãe para os filhos e, ao mesmo tempo, confiá-los ao amor de Deus. A fé não significa, e nunca significará, que os filhos não farão a coisa errada e sofrerão as conseqüências. A fé não significa que Deus intervirá para garantir que seus filhos não façam escolhas ruins. A fé não significa que você pedirá para Deus tomar conta da situação e, então, terá magicamente uma boa e longa noite de sono. Para os pais, a fé é mais um pulo no vazio sem pára-quedas do que um cobertor quente ou um comprimido para dormir sem efeitos colaterais.

Em vez de ser um analgésico, a fé, para os pais, é como uma bóia inflada interior. Eles continuam imersos num oceano de incerteza e escuridão, mas, por causa da fé, não afundam completamente. Mantêm a cabeça fora da água. Resistem; não desistem. Conseguem superar a humilhação de uma reunião com o orientador junto com seu filho adolescente depois de ele ter sido pego na escola com maconha na mochila. Conservam o auto-respeito intacto quando sua filha ou seu filho é expulso da escola por ter feito algo terrivelmente estúpido. E assim por diante.

A fé, para os pais, não ameniza a dor. Mas ajuda-os a manter alguma perspectiva, a conservar os olhos no futuro, no fato de que o filho tem um futuro, de que este momento atual de desalento não é a palavra final. Ele vai crescer, provavelmente se tornará uma pessoa madura que fará melhores escolhas na vida. Em outras palavras, a fé dos pais lhes dá *esperança*, mas não os livra da angústia ou das noites de sono perdido; ela não leva embora a cruz.

Casamento e paternidade/maternidade são formas como experimentamos a cruz e a Ressurreição de Cristo, e o mesmo pode ser dito de qualquer outro modo de vivermos a nossa fé, qualquer vocação a que sejamos chamados. A experiência de ver os pais se divorciarem é fonte de sofrimento também, e uma genuína experiência da cruz. Muitos jovens hoje podem se identificar com essa situação e muitos perguntam por que tiveram de passar por essa dor se não tiveram nenhuma responsabilidade por causá-la. A fé responde que não há, no fim, como compreender isso. Tudo o que se pode fazer é ver nessa experiência a cruz de Cristo e, quando lidamos com ela da melhor forma possível, vemo-nos recebendo uma cura que só pode vir de sua Ressurreição.

Cada uma dessas experiências, e inúmeras outras, é uma forma de viver a nossa fé, cada uma é uma maneira de seguir o caminho da cruz e participar da Ressurreição — e ambas nunca podem ser separadas. Sem cruz, não há ressurreição — num sentido não pretendido pela idéia original do ditado: *No pain, no gain* (sem dor não há ganho). Qualquer que seja o modo de vida que acabemos levando, é esse o modo como somos chamados a viver a nossa fé, e isso significa que é esse o nosso caminho da cruz particular e nosso caminho particular para a ressurreição.

Se esperamos que a fé nos salve do lado sombrio da vida, devemos nos preparar para uma grande decepção, e isso não deve ser surpresa.

Se choramingamos quando a vida se torna uma dor nas costas, é aconselhável que voltemos aos Evangelhos para corrigir nossa perspectiva. Seria bom que lêssemos passagens como:

> Então, Jesus disse a seus discípulos: "Se alguém quer vir em meu seguimento, renuncie a si mesmo, tome a sua cruz e siga-me. Pois quem quiser salvar sua vida perdê-la-á; mas quem perder a sua vida por minha causa salvá-la-á" (Mt 16,24-25).

Não gostamos de ouvir isso; ou, pelo menos, não gostamos de aceitar a verdade dessas palavras. Resistimos à idéia de que seguir Cristo neste mundo significa, inevitavelmente, não só enfrentar dor e sofrimento, mas não se surpreender com isso, não ter pena de si mesmo por causa disso e conviver com isso sem se lamentar. Isso é o que a fé pode fazer: ajudar-nos para que não nos surpreendamos com a dor e o sofrimento, não nos entreguemos à autopiedade e não nos lamentemos. Dor e sofrimento, decepção e desilusão, são parte da condição humana, parte do pacote. A fé não remove a escuridão; ela nos ajuda a conviver com as dificuldades e a agir como adultos em relação a elas. A fé nos ajuda a conviver com a dor e não nos desesperarmos, a conviver com a dor e não nos lamentarmos.

Nenhuma discussão do papel da fé diante da dor e do sofrimento pode se dar ao luxo de negligenciar a história de Jó nas Escrituras hebraicas, ou Antigo Testamento. O Livro de Jó é uma narrativa divinamente inspirada e uma das maiores obras de ficção já escritas. A história começa com um confronto entre Deus e Satanás:

> Chegou o dia de os Filhos de Deus se apresentarem em audiência diante do Senhor. Satanás veio também com eles. O Senhor disse a Satanás: "Donde vens?" "De percorrer a terra e vagar por toda ela", respondeu.
> E o Senhor lhe perguntou: "Reparaste no meu servo Jó? Não há outro igual a ele na terra. É um homem íntegro e reto, que teme a Deus e se mantém longe do mal".
> Mas Satanás respondeu ao Senhor: "Será em troca de nada que Jó teme a Deus? Não o protegeste com uma cerca, a ele, sua casa e tudo quanto possui? Abençoaste seus empreendimentos, e seus rebanhos

> pululam na terra. Mas estende tua mão e toca tudo o que ele possui. Eu aposto que ele te lançará em rosto as suas maldições!"
> Então o Senhor disse a Satanás: "Seja assim! Todos os seus bens estão em teu poder. Só não estendas tua mão contra ele".
> E Satanás retirou-se da presença do Senhor (1,6-12).

Repare que Deus *permite* que Satanás cause dor e sofrimento a Jó, não é o próprio Deus quem causa dor e sofrimento — uma distinção importante para o Livro de Jó. Satanás traz sofrimento a Jó, um homem bom e inocente. Mas Jó não reage com raiva de Deus. Ele diz apenas que Deus lhe deu, portanto Deus pode lhe tirar. Ainda assim, Jó tem suas perguntas e sente que tem o direito de fazê-las. Porém, os amigos de Jó — Elifaz de Temã, Bildad de Suás e Sofar de Naamat, além do jovem Eliú — repreendem-no por questionar a Deus e insistem que Jó merece o que está lhe acontecendo. Mas Jó se recusa a desistir de suas perguntas; ele quer saber por que deve sofrer assim. Por fim, Deus responde perguntando a Jó quem ele pensa que é:

> Onde estavas, quando eu fundei a terra? Dize-me isso, sábio que és. Sabes quem fixou-lhe as medidas? Quem estendeu sobre ela o cordel? Em que imergem as suas colunas, a pedra angular, quem a lançou, ao canto coral das estrelas matutinas e à aclamação dos Filhos de Deus? Alguém fechou a porta dupla ao Oceano, quando do seio materno irrompeu, quando eu lhe dava as brumas como vestes e em densas nuvens o enfaixava? Domei seu ímpeto por meu decreto, a porta dupla eu lhe aferrolhei e disse: "Até aqui, não chegues além; pare aqui a insolência de tuas ondas!"
> Deste algum dia ordens à manhã, designando posto à aurora, para agarrar a terra pelas bordas e dela sacudir a gente má? (38,4-13)

Para o Livro de Jó, a idéia de que a fé devesse ser um alívio para a dor e o sofrimento é absurda, porque nenhum humano pode compreender como a dor e o sofrimento se encaixam no assoberbante mistério da vontade e dos caminhos de Deus. Embora filósofos posteriores tenham se tornado mais sofisticados ao questionar como um Deus que é todo bondade e compaixão podia permitir que crianças inocentes sofressem e morressem, a resposta do Livro de Jó ainda se mantém.

A noção equivocada de que a fé deve ser uma aspirina espiritual para aliviar as dores espirituais e emocionais da vida cotidiana, e/ou uma dose de morfina espiritual quando a dor e o sofrimento são grandes, depende para sua sobrevivência da noção de que a dor e o sofrimento são, *em última instância*, sem sentido. Mas é aqui que a fé cristã, em particular, insiste que não há como sabermos se de fato é assim. Na verdade, porque o Filho de Deus bebeu da taça do sofrimento humano até a última gota, devemos insistir no contrário, mesmo sem saber explicar muito bem. Pois, para onde quer que sigamos, o Filho de Deus e filho de Maria — totalmente humano e totalmente divino — está lá nos esperando, o que significa que mesmo a dor e o sofrimento são pontos de união com ele.

No entanto, precisamos reconhecer também que o mistério de Deus e o mistério da existência humana incluem muito mais do que sofrimento. Devemos evitar a tendência a ter uma perspectiva pessimista em relação à vida. Ao contrário, o mistério de todas as coisas inclui o grande e maravilhoso mistério de que tanta alegria e bem façam parte do quadro. Em vez de perguntar, "Como pode haver sofrimento?", poderíamos igualmente indagar, "Como pode haver alegria?" Ambas as perguntas, afinal, são justificáveis. Vivemos em meio ao grande mistério de ser humanos e ser vivos, e esse grande mistério é uma grande combinação de alegria e tristeza. Em última instância, talvez tudo se resuma a qual desses aspectos julgamos ser maior, e qual seria a resposta para "Qual é o sentido de tudo isto?". Para a fé cristã, a alegria é definitiva, enquanto o sofrimento não é.

Por fim, o testemunho de inúmeros cristãos ao longo dos séculos e o testemunho de muitos santos lembram-nos que, quando sofremos, nossa dor pode se tornar uma oração. Podemos oferecer nossos sofrimentos inevitáveis, grandes e pequenos, em união com o sofrimento de Cristo, como uma forma de oração em benefício de outros. A fé não busca o sofrimento, mas aceita-o como parte do grande mistério da existência humana em união com a morte e Ressurreição de Cristo. A fé faz o grande favor de nos dar algo com o que responder ao fato da dor e do sofrimento. Em vez de enfrentar o sofrimento com um desespero impotente, temos na fé algo com que reagir, a convicção de que o sofrimento, em última instância, nunca é sem sentido.

A grande ficcionista católica de meados do século XX, Flannery O'Connor, disse-o bem, e melhor do que muitos. Numa carta de 1959, O'Connor escreveu:

> O que as pessoas não percebem é quanto a religião custa. Elas pensam que a fé é um grande cobertor elétrico, quando, claro, ela é a cruz. É muito mais difícil acreditar do que não acreditar[9].

---

9. Flannery O'CONNOR. *The habit of being*, sel.e ed. Sally Fitzgerald, New York, Farrar, Straus & Giroux, 1979, 354.

2

A fé não é uma fonte de conhecimento secreto

Nos primeiros séculos do cristianismo, desenvolveu-se um sistema de crença religiosa que os estudiosos nos tempos modernos chamaram de "gnosticismo". Esse nome vem da palavra grega *gnósis*, que significa "conhecimento". Os gnósticos acreditavam que a salvação dependia de se ter um determinado conhecimento ou iluminação interior que pudesse libertar a pessoa do mal e da ignorância da vida neste mundo.

Ninguém sabe com certeza onde e quando o gnosticismo se originou, mas sabemos que ele foi influente durante as primeiras décadas do cristianismo e que incluía algumas doutrinas anticristãs. Os mestres gnósticos, por exemplo, negavam a plena humanidade de Jesus e recusavam-se a aceitar o Antigo e o Novo Testamentos. O gnosticismo também negava a autoridade doutrinária da Igreja e da tradição cristãs.

Principalmente porque boa parte do que sabemos sobre ele chegou até nós de forma indireta, por intermédio de escritos antignósticos dos primeiros cristãos, é difícil compreender plenamente o gnosticismo, mas temos a informação segura de que ele era dualístico: ensinava que a alma humana está aprisionada no corpo e na criação como um todo, e que a criação é controlada por forças do mal. Em particular, o gnosticismo ensinava que toda a criação está sob o controle de um ser semidivino chamado de "demiurgo". Ao mesmo tempo, o gnosticismo pregava que os humanos desejam o bem e a verdade que existem fora da ordem criada.

O gnosticismo ensinava também que há um Deus completamente transcendente — totalmente fora do espaço e do tempo — que enviou um portador do conhecimento e da luz para o iníquo mundo criado. Os gnósticos afirmavam que as pessoas que aceitassem esse conhecimento secreto (*gnósis*) poderiam escapar da ordem criada iníqua para o domínio espiritual da verdade e do bem.

Aqueles que adotavam o gnosticismo acreditavam que estavam salvos pela iluminação divina que haviam recebido, enquanto todos os outros passariam a eternidade no inferno por sua escolha de continuar vivendo na ignorância. Por fim, o gnosticismo era também uma mistura de elementos de vários sistemas de pensamento religiosos e filosóficos. Incluía idéias e crenças dos cultos de mistério gregos, do misticismo judeu, do dualismo iraniano, dos mitos babilônicos e egípcios, das Escrituras e dos rituais cristãos[1].

O que vem ao caso aqui é que a religião cristã não é uma forma de gnosticismo. A fé cristã não é fonte de algum conhecimento esotérico, secreto, sobre as coisas divinas, que está totalmente fora do alcance de todas as outras pessoas. As pessoas de fé não têm "informações confidenciais" exatas sobre nada. A fé não dá a uma pessoa um conhecimento secreto da vontade de Deus. O catolicismo insiste que é perfeitamente possível — na verdade, acontece todo o tempo — as pessoas chegarem a um conhecimento da existência e da auto-revelação de Deus por meio de suas próprias capacidades inatas. Por exemplo, todo o mundo natural e a ordem criada são, em si mesmos, uma revelação de Deus e da natureza de Deus — um "livro", por assim dizer, aberto a todos, antes ou mesmo

---

1. Ver Robert A. KRIEG, Gnosticism, in Richard P. McBRIEN (org.), *The HarperCollins Encyclopedia of Catholicism*. San Francisco, HarperSanFrancisco, 1995, 563. Ver também Gnosticism, in O'COLLINS, FARRUGIA, *A concise dictionary of theology*, 96.

independentemente de qualquer exposição à revelação explicitamente cristã. Em sua Carta aos Romanos, São Paulo chega a repreender aqueles que se recusam a fazer uso dessa capacidade inata:

> Com efeito, a cólera de Deus se revela do alto do céu contra toda impiedade e toda injustiça dos homens que mantêm a verdade cativa da injustiça; pois o que se pode conhecer de Deus é para eles manifesto: Deus lho manifestou. Com efeito, desde a criação do mundo, as suas perfeições invisíveis, eterno poder e divindade, são visíveis em suas obras, para a inteligência; eles são pois inescusáveis, visto que, conhecendo a Deus, não lhe renderam nem a glória, nem a ação de graças que são devidas a Deus; pelo contrário, eles se transviaram em seus vãos raciocínios e o seu coração insensato se tornou presa das trevas (1,18-21).

A Igreja católica ensina que é da natureza de Deus, por assim dizer, revelar-se a nós. Conforme afirma o *Catecismo*:

> Deus, infinitamente perfeito e bem-aventurado em si mesmo, em um desígnio de pura bondade, criou livremente o homem para fazê-lo participar de sua vida bem-aventurada. Eis por que, desde sempre e em todo lugar, está perto do homem (n. 2).

Ao mesmo tempo, o catolicismo ensina também que, fora da graça de Deus, os poderes humanos naturais só podem chegar até um certo ponto no que se refere a conhecer a Deus. Há um ponto além do qual um conhecimento humano adicional de Deus torna-se impossível fora da auto-revelação de Deus na tradição judeu-cristã. Isso significa, então, que existe um sentido em que a fé dá *de fato* o conhecimento sobre realidades divinas e verdades divinas inacessíveis de qualquer outra forma? Sim, mas não da maneira como os gnósticos ensinavam. A fé dá um conhecimento *finito* das realidades divinas, porque não é possível para os seres humanos compreender plenamente o Infinito. É mais preciso dizer que, na fé, somos *compreendidos por* Deus.

Ganhamos conhecimento de realidades divinas, mas não por compreender plenamente verdades que são eternas. Antes, o "conhecimento" que ganhamos decorre de sermos *compreendidos por* Deus. Ganhamos conhecimento de Deus da forma como uma gota de chuva que cai no oceano ganha "conhecimento" do oceano. Nosso "conhecimento" é mais experiencial do que cognitivo.

Claro que existe um sentido secundário no qual ganhamos conhecimento como resultado da fé. Como somos envolvidos pelo amor de Deus, como o seu amor habita em nós e ilumina nossa mente, isso possibilita que recebamos as Escrituras, e a palavra de Deus que elas comunicam, com um entendimento que não está disponível para a pessoa sem fé que lê as Escrituras meramente como "literatura". Num sentido semelhante, embora num nível menor, a pessoa de fé pode receber documentos oficiais da Igreja, como o *Catecismo da Igreja Católica* ou documentos emitidos por concílios eclesiásticos, como sendo mais do que apenas as opiniões de um comitê. Neste sentido, portanto, a fé torna possível ter "informações" sobre realidades divinas que uma pessoa sem fé não tem.

O conhecimento que vem com a fé, porém, é um conhecimento que preenche e completa o conhecimento sobre realidades divinas disponível para qualquer pessoa, como foi discutido acima. Sem fé, uma pessoa pode tomar consciência de um Deus benevolente que criou todas as coisas. Esse é um conhecimento de realidades divinas acessível a todos. Com fé, porém, uma pessoa pode chegar a um entendimento mais profundo desse Deus e aprender muito mais sobre ele do que a pessoa sem fé.

Para que não resvalemos para um semignosticismo, porém, é importante não esquecer que ainda não estamos falando de uma forma de conhecimento secreto, de um conjunto de idéias, ou proposições, ou ensinamentos esotéricos, que é preciso compreender e aceitar a fim de ser "salvo". O "conhecimento" que vem da fé poderia ser mais bem comparado com o "conhecimento" que amigos próximos têm um do outro em conseqüência de sua amizade. Ou, melhor ainda, o "conhecimento" que a fé proporciona é como o "conhecimento" que marido e mulher têm um do outro em um casamento mantido por amor.

"Conhecemos" nosso bom amigo, ou "conhecemos" nosso cônjuge, porque mantemos com essa pessoa um *relacionamento* mútuo. Em especial num casamento, tem-se um *compromisso* um com o outro, que mantém as pessoas em contato não só na superfície, mas no coração e para "o longo prazo". Marido e mulher conhecem um ao outro intimamente, de dentro para fora e de fora para dentro. Como conseqüência, eles têm um "conhecimento" um do outro que as outras pessoas não têm. O "conhecimento" que vem da fé é algo desse tipo.

A fé origina-se, em primeiro lugar, de um encontro pessoal entre Deus e a pessoa no contexto de uma comunidade que tem uma relação contínua com ele, a qual remonta a muitos, muitos séculos. Encontra-se Deus no contexto dessa comunidade de fé e de sua história e sua tradição sagrada, e o resultado desse encontro pessoal é o que chamamos de "fé". Por sua vez, essa fé traz um tipo de "conhecimento" comparável ao "conhecimento" que marido e mulher têm um do outro num casamento de amor.

Devido a esse encontro pessoal contínuo com Deus no contexto da história pessoal contínua da comunidade de fé com esse Deus, tem-se tanto um conhecimento pessoal de Deus como uma participação no conhecimento coletivo de Deus reunido pela comunidade ao longo de muitos séculos. Não há nada secreto nesse conhecimento, mas ele de fato só se torna acessível àqueles que se permitem ser envolvidos pelo amor de Deus no contexto dessa comunidade de fé específica.

Ao mesmo tempo, é importante saber que a fé não traz consigo algum conhecimento especial que dê aos cristãos uma vantagem no mundo cotidiano sobre as pessoas não-religiosas ou sobre aquelas que pertencem a outras tradições religiosas. A fé não torna a pessoa mais bem equipada para ter sucesso econômico, por exemplo, ou mais apta politicamente, ou com mais chances de ter filhos inteligentes e bem-sucedidos aos olhos do mundo.

O conhecimento que essa fé proporciona não é um conhecimento *sobre* alguma coisa. É o conhecimento *de* Deus e da presença pessoal de Deus como o Mistério Divino incompreensível no coração do universo, que habita no mundo, em todas as pessoas, em você, no amor. No mínimo, o conhecimento pela fé o tornará *menos* preocupado com o sucesso, o poder e o prestígio no mundo do que outros tipos de conhecimento que movem o mundo.

Os jovens que, depois da faculdade, passam um par de anos com o Jesuit Volunteer Corps (Corpo de Voluntários Jesuítas) com freqüência comentam, sorrindo, que sua experiência no JVC "me arruinou para a vida". Com isso, querem dizer que o tipo de experiência de fé que tiveram naqueles dois anos, vivendo em comunidade, servindo aos outros sem ganhar praticamente nada, fez com que eles deixassem de acreditar numa cultura que celebra a riqueza, o poder, o prestígio e as aparências superficiais. Esses jovens com freqüência obtêm um conhecimento de Deus e das dimensões mais profundas da existência humana que lhes tira o desejo de ganhar seu primeiro milhão de dólares antes de completar 30 anos.

As doações beneficentes do fundador da Microsoft, Bill Gates, são quase inacreditáveis. Ele entrega, literalmente, bilhões de dólares por ano a boas causas de várias espécies. Entretanto, divulgou-se que Bill Gates teria dito que pensa haver maneiras mais úteis de gastar uma hora num domingo de manhã do que ficar sentado na igreja. Este é o tipo de comentário que se esperaria que o homem mais rico do mundo fizesse e, com ele, Gates praticamente se oferece como um mero estereótipo da pessoa fabulosamente rica, mas espiritualmente superficial. Bill Gates não acumulou seus bilhões de dólares sendo ignorante, mas seu conhecimento parece ser, em sua maior parte, do tipo que faz o mundo girar. Ele não se apresenta ao mundo como um homem de fé, mas como um homem de saber prático e perícia técnica.

Não seria possível alguém ser uma pessoa de fé autêntica e também se tornar fabulosamente rica? Talvez, mas não se entusiasme. A fé e um desejo de trabalhar, trabalhar e trabalhar para ter sucesso e ficar rico com freqüência não andam juntos na mesma pessoa. Alguma coisa no Evangelho tende a fazer as pessoas quererem se mover na outra direção, no sentido de acumular menos, não mais; no sentido da simplicidade de vida e não no dos estilos de vida dos ricos e famosos. O conhecimento que vem com a fé é um conhecimento de que, como Jesus declara sem rodeios no Evangelho de Marcos, "É mais fácil um camelo passar pelo buraco de uma agulha do que um rico entrar no Reino de Deus" (10,25). Tal conhecimento faz de você um candidato ruim a se tornar o próximo Bill Gates.

É bem mais comum alguém se tornar rico, ou herdar uma fortuna, e depois começar a fazer questionamentos mais profundos. Às vezes, pessoas ricas experimentam algum tipo de conversão religiosa e, então, esforçam-se para administrar sua riqueza de uma forma que seja coerente com uma fé autêntica. Algumas vezes, isso envolve uma grande mudança de estilo de vida, outras vezes alterações menos perceptíveis. Seja como for, é bastante possível ser rico e obter o conhecimento que a fé traz, depois começar a agir com base nesse conhecimento de uma forma que ponha a riqueza a serviço do amor de Deus e do próximo. Os exemplos disso são numerosos. Ainda assim, provavelmente seria acertado dizer que é maior o número de pessoas que ficam ricas e não passam por essa transformação pessoal. A riqueza pode se transformar numa espécie de vício que não é fácil abandonar.

O conhecimento que vem da fé assume muitas formas, mas ele é tão simples que, na mente de muitas pessoas, foi reduzido quase a um lugar-comum. Longe de ser um segredo, o conhecimento que vem da fé é moeda corrente. Ele pode ser facilmente minimizado, mas, quando o compreendemos, percebemos que ele engloba tudo, do universo vasto e estrelado à menor das moléculas; tudo, das relações entre as nações do mundo à mais profunda intimidade entre duas pessoas. O conhecimento que vem da fé tem muitas formulações, a depender de tudo — de circunstâncias históricas a pontos de vista pessoais.

O conhecimento que a fé traz impregna o coração de cada pessoa de fé, e cada um pode expressá-lo de diferentes modos, em diferentes momentos e em diferentes lugares. Cada um desses modos revela, mas também esconde. Cada um é verdadeiro na medida do que abrange, mas cada um só chega até certo ponto e há sempre mais a ser dito. Estas são apenas algumas das maneiras como pessoas de fé ao longo dos séculos expressaram o conhecimento que a fé proporciona:

> Tudo será para o bem, e tudo será para o bem, e todo tipo de circunstância será para o bem (*beata Juliana de Norwich, c. 1342-1423*)

> Cada dia é um mensageiro de Deus (*Provérbio russo*).

> A maior parte dos problemas do mundo é causada por pessoas querendo ser importantes (*T. S. Eliot, 1888-1965*).

Tire-se o amor e a nossa terra é um túmulo (*Robert Browning, 1812-1889*).

Não é preciso gritar muito alto; [Deus] está mais perto de nós do que imaginamos (*Irmão Lourenço, 1611-1691*).

Se mergulhamos em nós mesmos, descobrimos que possuímos exatamente o que desejamos (*Simone Weil, 1909-1943*).

Deus é cheio de compaixão e nunca falha com os aflitos e desprezados, se estes confiarem apenas nele (*Santa Teresa d'Ávila*, 1515-1582).

Eu era descrente até o dia em que me dei conta de que a voz absoluta do nada em que eu não podia ver ou ouvir coisa alguma era também a plenitude absoluta do tudo... (*Thomas Merton, 1915-1968*).

Todas as expressões do conhecimento que a fé traz dizem a mesma coisa e todas elas dizem algo diferente. Mas todas vêm da experiência do mesmo mistério revelador, que é a fé — mesmo no caso de alguém como a pensadora francesa de meados do século XX Simone Weil, que nunca se tornou formalmente cristã. Judia de nascimento, teve uma educação primorosa e passou sua juventude em busca de Deus e da verdade. Quando morreu de tuberculose em 1943, aos 34 anos, havia decidido que, embora a Igreja católica estivesse com a verdade, ela própria ainda não tinha o dom da fé.

Mesmo com o risco de parecer desnecessariamente obscuro, há um sentido muito real em que o conhecimento que vem da fé, como sugeriu Thomas Merton, é o conhecimento de que "a voz absoluta do nada" é também "a plenitude absoluta do tudo". Esta é simplesmente outra maneira de dizer que qualquer experiência humana de Deus tende a ser uma experiência que transcende a capacidade humana de entendimento.

É também outra maneira de nos lembrar que, por mais que haja para ser obtido das Escrituras, assim como dos documentos oficiais da Igreja — como o *Catecismo da Igreja Católica* e os documentos do Vaticano II —, chega um ponto na espiritualidade adulta em que deixamos de lado todas as palavras e todos os conceitos humanos. Chega um ponto em que usamos as Escrituras como um trampolim, para pular para cima, para cima, e repousar na escuridão e no desconhecido, em pleno ar, na pureza da presença de Deus além das limitações de todas as palavras, de todos os conceitos.

O conhecimento que vem da fé é um conhecimento do coração, mais do que da mente. É o conhecimento de que, como disse Santa Teresa d'Ávila, "Deus é cheio de compaixão", se "confiarmos apenas nele". Isso pode soar como palavras de conforto, mas é também um desafio. Pense em como pode ser difícil confiar *apenas* em Deus. Somos inclinados a confiar praticamente em qualquer coisa em que possamos pousar as mãos, o que não podemos fazer com Deus. Lembremo-nos da velha história do excursionista que escorrega na borda de um penhasco íngreme, mas consegue se agarrar a uma pequena árvore. Lá fica ele pendurado, com um abismo de centenas de metros abaixo de seus pés. "Socorro!", grita o excursionista repetidamente. "Alguém me ajude, por favor!" Então, uma voz diz: "Solte que eu o seguro". O excursionista pergunta: "Quem é você?" A voz responde: "Deus. Pode soltar, você estará seguro". Depois de uma pausa, o excursionista grita: "Socorro! Há mais alguém aí?"

O conhecimento que a fé traz não é uma certeza que possamos agarrar e segurar em nossas mãos. Por mais que digamos que confiamos em Deus, nossa confiança é baseada numa forma de conhecimento — conhecimento de Deus — que não encontra muito apoio na cultura dominante. Portanto, viver essa confiança é opor-se à cultura dominante, algo que certamente faz com que qualquer um se sinta ansioso, temeroso e inseguro. Esse é o tipo de poder que a cultura tem na vida de qualquer ser humano. Opor-se à sua cultura é opor-se ao sistema de significado que funciona em praticamente todos os aspectos de sua vida. Depositar a confiança essencial em Deus e não naquilo em que a cultura dominante deposita a confiança essencial — que, em nosso caso, são formas financeiras de segurança — é pedir para ficar ansioso, temeroso e inseguro na maior parte do tempo, tão grande é o poder da cultura. Isso é inevitável, e por quanto tempo alguém pode persistir nesse caminho?

Ainda assim, o conhecimento que a fé traz é um conhecimento que sussurra constantemente em seu ouvido que vale a pena fazer a experiência de depositar a sua fé essencial em Deus. Que tal hoje? Que tal nesta situação? Você não experimentou ultimamente, então que tal agora? Confie em Deus, confie no amor de Deus por você, confie apenas em Deus. Experimente isso em vez de confiar apenas no dinheiro e em outras formas financeiras de segurança. Dá um frio na barriga, mas experimente assim mesmo. Talvez você fique feliz por ter tentado. Talvez seja verdade que "a raiz de todos os males é, de fato, o amor ao dinheiro" (1Tm 6,10). E se são Paulo estivesse certo? E se suas palavras forem verdade e não só velhas palavras devotas sem nenhuma conexão com o mundo real? E se for assim?

Os santos são pessoas que deram esse pequeno passo para fora da cultura dominante de seu tempo — chamemo-la de "o mundo" — através da estreita porta chamada Faça uma Experiência, em direção aos amplos espaços abertos do conhecimento de Deus e do Realmente Real que a fé oferece a todos que o solicitam. Os santos são pessoas comuns que acreditaram mais no conhecimento que a fé traz do que na cultura dominante de seu tempo e lugar. Os santos são pessoas comuns para quem o conhecimento que a fé traz era Realmente Real, e não apenas um ideal, ou um sonho, ou uma ilusão. Para eles, esse conhecimento era Real, por isso fizeram todo tipo de coisas simples que, em todos os tempos e lugares, parecem Irrealistas ao Extremo.

A Igreja é mais do que uma instituição humana. Mas a Igreja é também, definitivamente, uma instituição humana. Os santos são pessoas comuns que acreditaram que a Igreja, como instituição humana, devia tentar assumir o Evangelho como verdadeiro; devia confiar mais em Deus do que no dinheiro, por exemplo. Deus quer que façamos isso, diriam eles. Mas não temos dinheiro, diriam os oponentes. Faça isso e Deus dará o dinheiro, o santo diria, confiando sincera e verdadeiramente que o conhecimento que a fé traz é Real. Aja segundo o conhecimento que a fé traz e Deus, invariavelmente, fará a sua parte. Porém, por mais que escutemos tais histórias verdadeiras, ainda acreditamos que o conhecimento que a fé traz é ilusão, um ideal inatingível, um sonho — um sonho maravilhoso, um belo ideal, mas ainda assim inatingível. Ilusão.

Os santos são pessoas comuns cujo conhecimento da fé tornou o Evangelho tão real para eles que não tiveram dificuldade em falar dessas mensagens mesmo para bispos e papas. Claro que isso lhes trouxe problemas, como traz problemas para os santos em todos os tempos e lugares. Longe de ser alguma espécie de conhecimento secreto esotérico, o conhecimento que a fé traz praticamente assegura que teremos problemas se apoiarmos nele os fundamentos de nossa vida.

Pode o conhecimento que vem da fé autêntica ser expresso em palavras, sentenças e parágrafos claramente compreensíveis? Pode esse conhecimento ser explicitado de forma que sua lógica seja convincente mesmo para o cético mais inflexível? Infelizmente, não pode. Palavras e frases só podem sugerir o conhecimento que a fé traz, e as palavras e frases que fazem isso são carregadas de analogias e metáforas — são, de fato, um tipo simples de poesia que toca ou não toca o coração de quem a ouve. Isso porque a religião cristã não é primariamente um sistema intelectual. Ela é poesia[2].

O conhecimento que a fé traz não vem de fora da ordem criada e nem é desconectado dela — como acreditava o gnosticismo. Em vez disso, o conhecimento que vem da fé nos chega por meio de um sistema de símbolos e sinais. Mas esses não são "meros" símbolos e sinais. Eles são símbolos e sinais especiais porque abrem e revelam o santo, o sagrado no mundo, no universo, em todas as coisas humanas e em todas as coisas no espaço e no tempo. O catolicismo, em particular, é um poema vasto e variegado que evoca "o que o olho não viu, o ouvido não ouviu, nem subiu ao coração do homem: tudo o que Deus preparou para os que o amam" (1Cor 2,9).

O conhecimento que a fé traz é, para o cristão, o conhecimento do Evangelho como a chave para a vida eterna neste mundo e no próximo. Lembre-se de que *eterno* não é mero sinônimo de *para sempre*. *Eterno* significa "não ter início nem fim, mas ser imutavelmente cheio de vida"[3]. A eternidade só existe verdadeiramente em Deus, mas, em Cristo, Deus nos permite compartilhar a vida eterna. "Eu sou a Ressurreição e a Vida", Jesus diz à samaritana no Evangelho de João. "Aquele que crê em mim,

---

2. Ver Andrew M. GREELEY. *Religion as poetry*. New Brunswick, NJ, Transaction Publishers, 1995.

3. O'COLLINS, FARRUGIA, *A concise dictionary of theology*, 80.

mesmo que morra, viverá; e todo aquele que vive e crê em mim não morrerá jamais" (11,25-26).

A fé dá o conhecimento de que, ao contrário das aparências, viver em Cristo é compartilhar a vida eterna, ou seja, a própria vida de Deus que não tem início nem fim. O conhecimento que a fé traz é o conhecimento de que essa não é apenas uma idéia onírica, mas um fato real. Conseqüentemente, aquele que crê percebe que é possível viver — ou pelo menos esforçar-se por viver — como se isso não fosse um sonho, mas realidade.

A noção equivocada de que a fé traz, ou deveria trazer, alguma forma de conhecimento secreto, esotérico, sobre Qual É o Sentido disto Tudo não presta um grande serviço à fé autêntica. Fundamentalmente, o conhecimento que a fé traz não é cognitivo ou intelectual, exceto num sentido derivado ou secundário. O conhecimento que a fé traz é mais uma consciência da presença e da atividade de Deus em nossa vida, nas vidas humanas em geral e no mundo. O conhecimento e a aceitação de doutrinas, ensinamentos ou crenças específicos depende inteiramente dessa consciência como uma base contínua para a vida.

Em suma, o conhecimento que a fé cristã traz é o conhecimento de Deus e do Cristo Ressuscitado, e é um conhecimento acessível a todos. Como lemos no Evangelho de João: "Ora, a vida eterna é que eles te conheçam a ti, o único verdadeiro Deus, e àquele que enviaste, Jesus Cristo" (17,3).

3

A fé não é uma ideologia

Um dicionário define *ideologia* assim: "Conjunto de doutrinas ou crenças que formam a base de um sistema político, econômico ou de qualquer outra natureza"[1]. Uma ideologia é um conjunto de idéias ou perspectivas com base nas quais aqueles que adotam essa ideologia avaliam e aceitam ou rejeitam todas as outras idéias e perspectivas. Para alguém que é um ideólogo, não há espaço para uma variedade de pontos de vista aceitáveis ou para uma visão pluralista da vida e do mundo. Se uma idéia ou perspectiva é incompatível com a sua ideologia, isso não a torna simplesmente diferente, mas errada ou falsa.

A fé torna-se uma ideologia quando, e se, é equiparada a uma determinada perspectiva teológica de acordo com a qual não há espaço para outras perspectivas ou interpretações teológicas; todos os outros pontos de vista teológicos são considerados inválidos. A tentação de permitir que a fé se torne uma ideologia é sutil e insidiosa, não só entre as várias tradições religiosas, mas dentro de tradições religiosas específicas também.

---

1. Extraído do *American Heritage Talking Dictionary*. Copyright ©1997. The Learning Company, Inc. Todos os direitos reservados.

Em nossa era, por exemplo, interpretações ou perspectivas ideológicas com relação ao catolicismo são comuns — e não só entre os teólogos. Interpretações ideológicas do catolicismo em paróquias não são infreqüentes. Assim, em centros populacionais de qualquer tamanho, é bastante provável encontrar paróquias conhecidas como "liberais" ou "conservadoras". Em ambos os casos, percebe-se que a vida da paróquia é guiada por uma determinada ideologia teológica, ou por uma determinada interpretação ideológica da fé e do que significa ser católico.

Uma paróquia em que domina uma ideologia teológica católica liberal provavelmente dedicará considerável atenção a questões de justiça social. Tal paróquia também se mostrará muito aberta a intercâmbios ecumênicos com outras Igrejas e outras religiões. As liturgias numa paróquia liberal provavelmente tenderão a "esticar os limites" no que se refere a incorporar mudanças que não tenham aprovação eclesiástica oficial. Essas mudanças podem incluir o uso de orações litúrgicas selecionadas de outras fontes que não o Sacramentário, a incorporação de imagens femininas para Deus em orações litúrgicas e a modificação de fórmulas de oração rituais tradicionais — como o rito batismal — de forma a refletir a ideologia teológica liberal dominante da paróquia. Além disso, pode não haver auxiliares no altar, ou talvez haja mais meninas do que meninos cumprindo essa função litúrgica. A música litúrgica é invariavelmente "progressista" e, em qualquer domingo, há mais chance de se ouvir violões e flautas do que um órgão. Em ambientes radicalmente liberais, os grupos podem rejeitar todas as estruturas tradicionais e, por exemplo, designar uma mulher, um ex-padre ou um homem não-ordenado para presidir uma "eucaristia".

Numa paróquia onde uma ideologia teológica conservadora predomine, provavelmente se ouvirá muito sobre a oposição ao aborto, à contracepção e à atividade homossexual. Os documentos oficiais da Igreja, como o *Catecismo da Igreja Católica*, tendem a ser o foco da atenção. Liturgicamente, uma ideologia teológica conservadora determinará a obediência estrita às orientações oficiais da Igreja, a menos que essas orientações resvalem para uma direção liberal. Uma paróquia conservadora provavelmente não permitirá que meninas atuem como auxiliares no altar, embora as diretrizes oficiais da Igreja o permitam. Paróquias conservadoras podem ainda ter uma balaustrada entre o santuário e o corpo principal da igreja, e as pessoas talvez se ajoelhem junto à balaustrada para receber a comunhão. Dependendo do grau de conservadorismo da paróquia, talvez não seja permitido que mulheres façam leituras ou ajudem a distribuir a comunhão. A música litúrgica numa paróquia conservadora provavelmente será limitada aos hinos tradicionais, acompanhados por um órgão.

Por trás das ideologias teológicas católicas ultraliberais e ultraconservadoras, encontram-se certas imagens da Igreja, ou eclesiologias (teologias da Igreja). Usando imagens popularizadas pelo cardeal Avery Dulles, SJ, em seu livro *Models of the Church*, uma visão ultraliberal da Igreja enfatizará a Igreja como "comunidade de discípulos e servos" e a "construção da comunidade" será um tema dominante[2]. A interação com outras pessoas será incentivada em situações litúrgicas e sociais. Na medida do possível, a comunidade da paróquia local será o foco exclusivo e poucas oportunidades serão perdidas de minimizar a identificação com o Vaticano, o papa ou a Igreja católica mundial. Algumas paróquias ultraliberais terão pouca, se é que terão alguma, vida devocional compartilhada, e o cultivo de um componente devocional na espiritualidade pessoal pode receber pouca atenção, ou nenhuma. Idealmente, devido à ênfase na justiça social e a um espírito de comunidade que inclui os marginalizados, as paróquias liberais terão uma vida devocional compartilhada ativa, mas isso nem sempre acontece. Em vez disso, a ênfase pode tender para a ação social compartilhada, em lugar de para momentos de oração devocional compartilhada.

Uma paróquia ultraconservadora enfatizará a Igreja como "instituição e comunhão mística". A obediência aos ensinamentos oficiais da Igreja será destacada e haverá oportunidades freqüentes de participar de atividades devocionais comunitárias. O pressuposto dominante em relação à liturgia pode ser que o propósito primário das atividades litúrgicas é a comunhão com Deus e, embora essa comunhão ocorra em reuniões comunitárias, um católico ultraconservador pode tender a ver

---

2. Ver Avery DULLES, *Models of the Church*, ed. ampl., New York, Doubleday Image Books, 1987.

como inadequado as liturgias incluírem uma ênfase na interação humana durante a sua celebração.

É difícil argumentar contra uma ideologia, porque ela se baseia em certas pressuposições que não podem ser provadas nem refutadas. É uma questão de aceitá-las ou recusá-las, e, tipicamente, as razões para essa aceitação ou essa recusa são mais emocionais e psicológicas do que intelectuais. Uma ideologia raramente, se tanto, é resultado de um processo racional que leve até ela. Em geral, qualquer argumento racional apresentado para defender uma ideologia vem depois do fato, para defendê-la e, às vezes, atacar aqueles que não concordam com ela.

Para aqueles cuja fé é uma ideologia católica ultraconservadora, sua ideologia baseia-se em pressuposições não-comprováveis como: "Os ensinamentos do papa devem ser seguidos à risca, porque, quando o papa fala, isso é o mais próximo que podemos chegar nesta vida de ouvir Deus falar".

Para uma fé que é uma ideologia católica ultraliberal, uma das pressuposições não-comprováveis subjacentes é: "Os ensinamentos do papa são meramente a sua opinião humana, portanto precisamos refletir nós mesmos sobre as coisas e fazer o que concluirmos ser certo".

Outra forma de uma fé se tornar uma ideologia é quando a fé de uma pessoa centra-se exclusivamente, ou quase exclusivamente, em um tópico, de modo que esse tópico se transforma na medida em relação à qual tudo o mais é avaliado. O tópico pode ser "conservador" — como o ensinamento oficial da Igreja contra o uso de contraceptivos artificiais, ou contra o aborto. Ou pode ser "liberal" — como o ensinamento oficial da Igreja que praticamente rejeita a pena de morte, o apoio a um ministério para os homossexuais que não procure fazê-los abandonar a atividade genital homossexual, ou a incorporação de uma linguagem que incorpore os dois gêneros, com relação a Deus, na Bíblia e em todos os textos litúrgicos.

Qualquer que seja o tópico, se a fé se concentra demais nele, o resultado é uma fé ideológica. A pessoa que a pratica condena, implicitamente, qualquer um que discorde de sua posição quanto àquele tópico específico. Assim, para algumas pessoas, é um mau católico quem "apóia o direito de escolha da mulher [ou seja, o aborto]". Para outras, é um mau católico quem se opõe à introdução de uma linguagem inclusiva dos dois gêneros com referência a Deus na Bíblia e na liturgia. Na verdade, qualquer fé que seja centrada excessivamente num único tópico é menos do que católica.

Uma fé católica não pode ser uma fé ideológica. *Católico* significa "universal" e "abrangente". Às vezes ouve-se a expressão "católico de mente estreita", mas isso é um oximoro de proporções gargantuescas. Nenhuma fé genuinamente católica pode ser estreita; nenhuma fé genuinamente católica pode ser ideológica. Uma fé católica é, por sua própria natureza, aberta ao bem, à verdade e a beleza, qualquer que seja a sua origem imediata, porque a origem última de todo bem, toda verdade e toda beleza é Deus.

E não só isso. Uma fé católica não pode ser genuinamente católica e ser intolerante para com as opiniões e pontos de vista que diferirem dos seus. G. K. Chesterton, o grande inglês convertido ao catolicismo no início do século XX, disse certa vez: "Os católicos conhecem as duas ou três verdades transcendentais em relação às quais concordam; e sentem um grande prazer em discordar quanto a tudo o mais"[3]. Em outras palavras, uma fé católica que seja genuína acha perfeitamente possível discordar sem lançar anátemas em todas as direções. Na melhor de todas as Igrejas, conservadores e liberais deveriam ser capazes de discordar e, ainda assim, manter o bom humor.

Nos derradeiros anos do século XX, ocorreu-me que eu talvez pudesse incentivar um pouco desse bom humor. Num espírito decididamente brincalhão, enviei um comunicado a jornais e revistas católicos informando que eu havia criado o Instituto do Católico Rígido. Anualmente, eu anunciaria o vencedor do Prêmio do Católico Rígido, a ser entregue a um católico de destaque que, por suas palavras e ações, melhor exemplificasse durante o ano anterior o oposto direto à alegria evidente no exemplo e nos ensinamentos de Jesus nos Evangelhos. O ganhador do prêmio poderia ser um católico liberal ou conservador, uma vez que ambos os lados tendem a produzir mais do que a sua cota de católicos rígidos.

---

3. G. K. CHESTERTON. *The Thing: Why I Am a Catholic*, New York, Dodd, Mead and Co., 1946, 167.

Logo ficou evidente, porém, que o Prêmio do Católico Rígido não teria futuro. Tive de cancelar o prêmio "por conta de rigidez". Nem jornalistas conservadores nem liberais acharam minha idéia divertida. Os editores de jornais tanto liberais como conservadores receberam o anúncio do prêmio com rigidez. Um editor, depois de eu ter tentado explicar o que estava fazendo, disse: "Para que isso? Não entendi".

A rigidez católica era muito mais abundante do que eu havia imaginado. Os jornalistas católicos, pelo menos os das variedades liberal e conservadora extremas, têm pouco senso de humor, a menos que se faça troça com o lado oposto. Um católico liberal pode rir de piadas sobre católicos conservadores e um católico conservador pode achar graça em piadas sobre católicos liberais, mas ali eu estava pedindo que ambos rissem de si mesmos — e isso era pedir demais, porque significaria abandonar suas respectivas posições ideológicas. Quando a fé se torna ideologia, ela não tem nenhum senso de humor.

Na verdade, a fé genuína está sempre pronta a rir de si mesma, porque sabe que os conceitos humanos que formula a seu respeito são apenas tentativas frágeis de pensar e falar sobre uma Realidade e uma experiência que nenhum conceito humano pode definir com exatidão. A fé genuína tem um grande senso de humor, sabe rir de si mesma, porque põe as pessoas em comunhão com Deus, o Mistério Divino, que jamais pode ser captado, nem mesmo pela mais ortodoxa das ortodoxias, nem mesmo pelas mais cuidadosamente refletidas doutrinas ou pelo mais brilhante sistema teológico. A fé genuína pode rir de si mesma porque, nas famosas palavras de santo Tomás de Aquino (1225-1275) referentes a todas as obras de seu gênio teológico, "Tudo o que escrevi me parece insignificante depois das coisas que me foram reveladas"[4].

A fé, se é genuína, jamais se confunde com os conceitos humanos usados para falar sobre fé. Portanto, ela não pode se tornar uma ideologia. Portanto, ela retém seu senso de humor. A fé é uma coisa; as palavras que usamos para falar sobre a fé são outra coisa. Foi isso que Tomás de Aquino viu tão claramente no fim de sua vida. Desde que saibamos distinguir

---

4. Ronda DeSola CHERVIN, *Quotable Saints*, Ann Arbor, MI, Servant Publications, 1992, 75.

nossa fé das palavras e dos pensamentos humanos *sobre* a fé, nossa fé nunca se tornará uma ideologia.

Claro que se poderia argumentar que Tomás de Aquino era um santo, e ele disse que mistérios divinos lhe foram revelados, portanto era fácil para ele dizer que, em comparação, todos os seus escritos teológicos pareciam insignificantes. Mas nós não somos santos e não tivemos nenhuma revelação divina recentemente. Por isso, é difícil para nós não nos prender a conceitos humanos no que se refere à fé. É difícil para nós não ficar na defensiva quando alguém parece atacar nosso entendimento de fé, e a Igreja, e assim por diante. E se isso significa que nossa fé se tornou uma ideologia, bem, não há muito que possamos fazer a respeito. Não vamos deixar que alguém pisoteie verbalmente tudo o que entendemos ser a fé real.

Bom argumento. Ainda assim, não é inteiramente verdade que Deus não revela coisas divinas a nós, pessoas comuns. De fato, qualquer pessoa com uma vida espiritual que esteja pelo menos parcialmente viva tem revelações divinas todos os dias; você simplesmente não se dá conta disso. Para causar um curto-circuito numa fé ideológica, basta tomar consciência de que você é um místico. Um místico, você? Sim, você. O misticismo é bem mais comum do que pensamos.

Você já se sentiu amado por outra pessoa? Esse foi o amor de Deus que você sentiu também. Você às vezes respira fundo, solta o ar e sente-se melhor por ter feito isso? Foi a presença de Deus que você inspirou, que entrou e o revigorou. Existe alguma atividade em sua vida que, na maior parte do tempo, você gostaria de estar realizando em lugar de qualquer outra? Você tem uma versão invisível de um daqueles adesivos de pára-choque que declaram: "Eu preferia estar [insira a sua atividade favorita aqui]"? Talvez você preferisse estar fazendo tapeçaria, jardinagem, velejando, caminhando ou lendo. A razão de você sentir essa paixão por uma atividade ou área de interesse é que você encontra Deus nessa atividade ou interesse. É assim que nos recompomos.

Eu mesmo tive uma experiência que pode ser instrutiva aqui, e faço uso das conhecidas palavras iniciais da *Divina comédia* de Dante para ilustrar o que quero dizer:

Ao meio da jornada da vida,
tendo perdido o caminho verdadeiro,
achei-me embrenhado em selva tenebrosa[5].

Ao meio da jornada de minha vida, um dia, de repente — e eu quero dizer de repente mesmo, mas foi como uma voz insistente me cutucando para agir antes que fosse tarde demais —, eu soube que era hora. Por quase trinta anos, eu me sentira atraído pela idéia de aprender a tocar banjo de cinco cordas. Com o casamento, três filhos e um horário de trabalho apertado, porém, nunca tomei nenhuma atitude com relação a essa atração. Então, um dia, aos 53 anos, eu soube que o momento era aquele. Nossos três filhos eram jovens adultos, então eu tinha algum tempo que poderia dedicar para pôr em prática minha fantasia de décadas e aprender a tocar banjo de cinco cordas. Cochilando em minha alma por, nossa, tantos anos, meu desejo de tocar banjo reviveu como uma fênix pronta para alçar vôo e, quando o fez, tornou-se não só um interesse casual, mas uma paixão.

O "caminho verdadeiro" em que estive por anos e anos fez uma curva de 180 graus e o banjo de cinco cordas tornou-se minha preocupação. Desse momento em diante, todo momento livre virava um momento que eu poderia usar para praticar banjo, e a razão disso era que, em minha paixão pelo banjo, eu me conectava ao radiante, celebrante, vida-vale-a-pena-ser-vivida Mistério Divino a que chamamos Deus. Poder-se-ia dizer que, em minha paixão pelo banjo de cinco cordas, encontrei um sacramento (com "s" minúsculo), uma forma de estar mais vivo, mais em contato com a própria vida. Quando pratico as "batidas" — os padrões rítmicos de "pegar" ou dedilhar as cordas do banjo — e quando pratico repetidamente uma melodia que quero ser capaz de tocar, algo maior acontece. Sinto uma alegria de viver que não encontro em outras atividades. Infelizmente, o mesmo pode não ser verdade para os outros que têm de ouvir os meus não tão melodiosos sons!

De qualquer forma, tocar banjo de cinco cordas é, para mim, uma espécie de misticismo, e a sua paixão, por mais "secular" e comum que

---

5. Esta citação é da tradução de Hernâni Donato, publicada em 1981 pela Abril Cultural, São Paulo. (N.T.)

possa parecer, seja tapeçaria ou culinária, jardinagem ou pintura, é o seu misticismo também — a sua forma de se sentir mais perto de Deus e mais vivo do que em outros momentos de sua vida. Essa é a "revelação", se você preferir, que torna possível — assim como as revelações de Tomás de Aquino tornaram possível para ele — reconhecer que todas as conceitualizações de fé são "insignificantes". O seu modo de ser místico, a sua maneira de se sentir "íntimo" de Deus, é o que torna possível para você resistir à inclinação de deixar a sua fé se transformar numa ideologia. Você sabe, por causa do que lhe foi revelado, que se deixar sua fé se tornar uma ideologia estará cultuando não a Deus, mas às palavras sobre Deus.

Não podemos passar sem as nossas palavras sobre Deus, claro. De fato, nossas metáforas e analogias são indispensáveis quando se trata de estar em relação com Deus. As metáforas e analogias fazem a mediação entre Deus e nós de uma forma que nenhuma outra coisa pode fazer. Nossas *experiências* de Deus — no meu caso, minha paixão por tocar banjo de cinco cordas — ajudam a tornar possível reconhecermos que essas metáforas e analogias têm seus limites, que elas não são bons fins em si mesmas, ou absolutas. As metáforas e analogias fazem a mediação entre Deus e nós, elas não são Deus.

Claro que um prazer intenso em fazer tapeçaria, lidar com jardinagem, mexer com carros antigos ou tocar banjo de cinco cordas não é a única maneira que temos de ser místicos e experimentar Deus. Estar com um amigo ou observar as estrelas num céu noturno podem ter o mesmo efeito. Um casamento de amor pode ser uma experiência contínua da presença de Deus, e a experiência do amor sexual no casamento pode levar a momentos sublimes de misticismo. O fato é que todos experimentam momentos de grande alegria quando sentem a proximidade de Deus, e esses momentos ajudam a manter qualquer verbalização sobre Deus em seu devido equilíbrio. Tais momentos nos ajudam — ou *devem* nos ajudar — a impedir que palavras sobre a fé se tornem uma ideologia.

Claro que as coisas nem sempre são assim. Para algumas pessoas, a necessidade emocional ou psicológica de certeza absoluta é tão grande que elas não conseguem deixar de se agarrar a uma fé ideológica. Se essa fé ideológica for católica, ela será bastante liberal ou bastante conservadora, porque uma ideologia é, por sua própria natureza, extrema e inflexível. A necessidade emocional de segurança é tão grande que ela usa a certeza de uma fé conservadora ou liberal para proteger-se de incertezas num mundo incerto.

Apenas uma fé ideológica pode proporcionar certeza, e é por isso que ela atrai aqueles que têm uma necessidade psicológica de certeza. A fé autêntica, ao contrário, é qualquer coisa menos uma fonte de certeza. Uma história sobre Graham Greene, o grande romancista e convertido católico do século XX, ilustrará esse ponto:

> Greene discutia com freqüência seus problemas de fé e crença com padre Leopoldo Duran, um amigo íntimo durante o último quarto de século de sua vida. Duran lembrou-se de um momento particularmente pungente depois do café da manhã de 8 de julho de 1987: "A cada dia eu tenho menos fé", disse Greene; Duran respondeu: "Sim, mas você me disse várias vezes que, a cada dia, sente que tem menos 'crença', porém mais 'fé'". Greene ficou em silêncio, depois declarou que o que Duran havia dito era o comentário mais perfeito sobre o assunto: "O problema é que eu não acredito na minha descrença". (De acordo com Duran, quando a fé parecia ter desaparecido, Greene dizia a Deus: "Senhor, eu vos ofereço a minha descrença".)[6]

Embora não esteja claro exatamente como Graham Greene entendia a distinção entre fé e crença, pode ter sido uma distinção entre crença nos elementos institucionais da vida religiosa católica e fé diretamente em Deus. Seja como for, o problema é que a fé autêntica nunca é fácil de definir, ou de prender numa garrafa, ou de medir com uma trena. Mas uma fé ideológica é fácil de definir, o que a torna atraente. Pode-se exibir uma fé ideológica como um bichinho de estimação que se mantém numa gaiola. Uma fé ideológica não oferece surpresas, apenas previsibilidade. Uma fé ideológica é como uma armadura que se veste para servir de proteção contra praticamente qualquer coisa, enquanto a fé autêntica é como sair desprotegido para o mundo a cada dia. Uma fé ideológica é uma apólice de seguros espiritual, enquanto a fé autêntica faz a pessoa correr riscos.

---

6. John DEEDY, *A book of catholic anecdotes*, Allen, TX, Thomas More Publications, 1997, 99.

Com Graham Greene, a fé autêntica não acredita em sua própria descrença — e a fé autêntica experimenta um bocado de descrença. Essa é uma das grandes diferenças entre uma fé ideológica e a fé autêntica: a fé autêntica inclui a descrença, e não é surpreendida nem se preocupa com ela. A crença é mental, enquanto a fé é pessoal. A crença é uma "viagem da cabeça", enquanto a fé autêntica é uma "viagem do coração". A fé torna-se ideológica quando se confunde fé com crença, porque a crença agarra-se à certeza, enquanto a fé solta-se em confiança e em auto-abandono a Deus.

Não existe nenhum sentido em que a fé traga certeza? Nenhum mesmo? A fé de fato traz uma espécie de certeza, mas não é o tipo de certeza que vem de estar absolutamente certo de alguma coisa. Em vez disso, a certeza que se obtém da fé autêntica é a certeza de que, em última instância, Deus não trairá nossa confiança; de que, no fim, tudo ficará bem. Para a fé autêntica, porém, ao longo do caminho não existe certeza nenhuma. Todo o inferno pode cair sobre nós ao longo do caminho, entre o aqui e o lá. Mas essa é a diferença entre a fé autêntica e a fé ideológica. A primeira continua a confiar mesmo quando todo o inferno despenca; a última renuncia em desesperança. A fé autêntica brinca com o carrasco e enfrenta a morte como uma amiga. A fé ideológica cospe no olho do carrasco e sofre uma morte amarga. A fé autêntica é santo Thomas More gracejando com o decapitador para que não danificasse sua longa barba, já que ela não havia feito nada errado. Claro que existe também um sentido perfeitamente sério em que a fé autêntica está disposta a morrer por Cristo — exatamente o que Thomas More fez.

Uma fé ideológica deposita sua esperança e sua confiança em certos princípios, um conjunto de princípios teológicos, sociais, políticos e econômicos específicos. A fé autêntica deposita sua esperança e sua confiança apenas em Deus. Ah, a fé autêntica tem princípios teológicos, sociais, políticos e econômicos, sem dúvida. Mas a fé autêntica não vê seus princípios como infalíveis ou absolutos. A fé ideológica abraça seus princípios como absolutos e infalíveis e, quando eles falham ou quando o resto do mundo não acata seus princípios, ela se enfurece. A fé ideológica não precisa da aprovação de ninguém e rejeita o papel de qualquer autoridade, por se sentir tão certa de sua própria razão.

A fé ideológica é altiva e arrogante. A fé autêntica está familiarizada com a humildade e, mesmo quando tem a verdade, mostra-se disposta a descer um degrau, ou dar um passo de lado, ou ceder quando uma autoridade legítima determina que isso deve ser feito — mesmo quando a "autoridade legítima" está errada e não tem a verdade. A fé autêntica recusa-se a pensar e a agir como se a verdade dependesse de suas próprias palavras e ações. A fé autêntica sabe que a verdade surgirá, virá à tona, subirá à superfície, mais cedo ou mais tarde, e que isso não depende de ela se tornar arrogante.

A fé autêntica é o jesuíta Pierre Teilhard de Chardin submetendo-se aos desejos de autoridades eclesiásticas legítimas, na década de 1950, e não publicando sua obra revolucionária e surpreendente. Sua mistura de ciência e teologia era tão nova e original que ninguém sabia o que pensar dela. Ele sabia que, mais dia menos dia, seus escritos acabariam sendo publicados se fossem bons e verdadeiros, e isso era o que importava para ele. Assim seus livros, entre eles *O fenômeno humano*, *O meio divino* e *Hino do universo*, de fato foram publicados, mas só depois de sua morte.

A fé autêntica é o monge trapista Thomas Merton submetendo-se aos desejos de seus superiores trapistas de que ele não publicasse alguns de seus escritos sobre paz e guerra nuclear durante as décadas de 1950 e 1960. Eles achavam que Merton estava fora da tradição monástica e da teologia da Igreja quando, na verdade, ele estava mais próximo do coração da tradição e da teologia da Igreja do que qualquer outra pessoa de seu tempo. Merton sabia que seus superiores tinham uma visão estreita, mas sua fé não era ideológica, por isso ele pôde deixar tudo por conta de Deus. No fim, seus escritos sobre a paz foram publicados, porque o bom e o verdadeiro não podem ser escondidos para sempre — por exemplo, *Merton on Peace*.

Em suma, uma fé ideológica é a fé de uma pessoa que cultua suas próprias idéias, seus próprios princípios e opiniões, enquanto a fé autêntica cultua a Deus, que é Amor. A fé autêntica não pode ser ideológica, porque toma o partido apenas de Deus. A fé autêntica não pode ser ideológica porque sabe que qualquer coisa fora de Deus — incluindo idéias, princípios e opiniões — torna-se facilmente um falso deus, e a fé autêntica não tem nada a ver com o culto de falsos deuses. A fé autêntica sabe que, no fim das contas, apenas Deus pode ser depositário de nossa confiança e, quando chega a hora da verdade, Deus não precisa que ninguém imponha idéias, princípios e opiniões próprios.

Talvez o teste definitivo para sabermos se uma fé é ideológica ou não seja este: se você está disposto a declarar seriamente, de coração, que pode estar errado, e se você está disposto a mudar quando e onde perceber que está errado, então a sua fé — tenha ela uma inclinação liberal ou conservadora — não é ideológica.

4

A fé não é um cobertor de segurança

O termo *cobertor de segurança* originou-se nas famosas histórias em quadrinhos *Peanuts*, do falecido Charles Schulz. Os personagens de Schulz nunca usaram de fato o termo *cobertor de segurança*, mas a metáfora saiu dali. Todos os personagens de Schulz eram crianças precoces, claro. Mas Linos mantinha o hábito particularmente infantil de agarrar-se a seu cobertor e sugar o polegar, ao mesmo tempo em que falava de forma precoce.

Em algumas das tirinhas, o cachorro da história, Snoopy, tentava tirar o cobertor de Linos e fugir com ele. Snoopy passava correndo por Linos, agarrava o cobertor com os dentes e seguia em frente. Com freqüência, porém, Linos segurava-se ao cobertor e era arrastado pelo ar enquanto Snoopy corria com a outra ponta do cobertor presa à boca. Em outras ocasiões, Linos percebia que Snoopy estava prestes a tentar arrancar o cobertor dele e alertava o cachorro de que ele sofreria conseqüências terríveis se levasse seu plano adiante.

O aspecto notável em toda essa situação nos quadrinhos *Peanuts* era a tenacidade com que Linos — um personagem sempre inteligente e sensato nas histórias — agarrava-se a seu cobertor, o que quer que acontecesse. Até mesmo Snoopy percebia que não era saudável para Linos depender tanto de seu cobertor. Mesmo assim, Linos não se separava de seu cobertor depois que o tinha nas mãos. Claro que há muitas tirinhas de *Peanuts* com Linos em que o cobertor não aparece. Com freqüência, ao que parece, Linos deixava seu cobertor em casa. Ao mesmo tempo, Schulz muitas vezes representava Linos como o mais religioso de seus personagens. Linos, por exemplo, era quem citava a Escritura com referência a quase qualquer situação[1]. No famoso filme para televisão, *O Natal de Charlie Brown*, é Linos quem sobe ao palco e recita a narrativa do nascimento de Jesus segundo o Evangelho de Lucas.

O fato de que Linos era o personagem mais articulado de *Peanuts* no que se referia a religião e, ao mesmo tempo, quem se voltava com mais freqüência para seu cobertor em busca de segurança pode não ter sido mera coincidência. Talvez Charles Schulz percebesse uma conexão bastante comum entre a religião e a necessidade de uma falsa sensação de segurança. Talvez ele visse que as pessoas, com muita freqüência, usam sua fé de modo muito semelhante a como Linos usava seu cobertor, como uma fonte de segurança. No entanto, como qualquer um pode ver, essa é uma atitude infantil, porque um cobertor não é fonte de segurança real. Um cobertor oferece apenas uma sensação física, e uma sensação física não é uma segurança verdadeira.

Talvez, ao associar religião e a necessidade de um cobertor de segurança num mesmo personagem, Charles Schulz quisesse fazer com que as pessoas religiosas se questionassem quanto a permitir que a fé se tornasse uma espécie de cobertor de segurança. Talvez ele quisesse nos ajudar a ver que uma fé que é um cobertor de segurança não é uma fé real, mas uma ilusão. Claro que há um sentido em que podemos dizer que essa fé é uma fonte de segurança, mas precisamos acrescentar logo que a fé é uma fonte de segurança *essencial*, e isso faz uma diferença significativa.

---

1. Para uma compilação das tirinhas *Peanuts* com temas religiosos, ver Charles M. SCHULZ, *And the Beagles and the Bunnies Shall Lie Down Together: The Theology in Peanuts*, New York, Holt, Rinehart, Winston, 1984.

Quando dizemos que a fé não é um cobertor de segurança, essa metáfora é uma imagem de uma fé a que se pode recorrer a qualquer momento em busca de uma sensação de bem-estar. Tudo o que se precisa fazer é agarrar-se à sua fé e enfiar um dedo na boca para fazer as pazes com o mundo. Mas, se é assim que você se relaciona com sua fé, então ela pode vir a decepcioná-lo. Se, quando a vida ficar assustadora, você se voltar para sua fé como Linos recorre ao seu cobertor, mais cedo ou mais tarde descobrirá que a sua fé escorregará entre seus dedos e desaparecerá. Mais cedo ou mais tarde, a vida, como Snoopy, arrebatará de você sua fé cobertor-de-segurança e, como esse é um tipo fraco de fé, ela sumirá num piscar de olhos. Zap! Lá se foi ela, como Snoopy se foi com o cobertor de Linos. Claro que você pode tentar se agarrar à sua fé cobertor-de-segurança, mas, se o fizer, pode esperar se ver no ar e entrando numa viagem turbulenta; não demorará para que sua fé cobertor-de-segurança escape de seus dedos e se perca, deixando-o estendido no chão sem saber ao certo o que aconteceu.

Uma fé cobertor-de-segurança é enganosa porque é uma "fé" que depende de uma imagem terrivelmente inadequada de Deus. Ela reduz Deus ao papel de um técnico de resgate em emergências. Se a minha fé é um cobertor de segurança, então o papel de Deus é salvar-me de tempos ruins, sofrimento, dor e das conseqüências de meus próprios erros estúpidos e escolhas equivocadas. Agarrar-se a uma fé cobertor-de-segurança significa que a minha fé nunca exigirá que eu corra riscos ou que aceite o sofrimento em prol de um bem maior. Uma fé cobertor-de-segurança implica que Jesus não fala a sério quando, nos Evangelhos, diz coisas como:

> Felizes os perseguidos por causa da justiça; deles é o Reino dos céus. Felizes sois vós quando vos insultam, vos perseguem e mentindo dizem contra vós toda a espécie de mal por minha causa (Mt 5,10-11)

Talvez ainda mais a propósito, as palavras de Jesus a respeito de uma fé que é inadequada poderiam facilmente descrever uma fé cobertor-de-segurança:

> Mas não têm raízes em si mesmos, são homens de momento; e mal chega a tribulação ou a perseguição por causa da Palavra, eles caem (Mc 4,17).

A fé cristã autêntica simplesmente não é uma fé cobertor-de-segurança porque tal fé não é sólida e não dura. Qualquer um que viva uma fé autêntica — como ilustram as palavras de Jesus do Evangelho de Marcos, acima — tende a encontrar não menos, porém mais tribulações; portanto, como tal fé poderia ser um cobertor de segurança?

Uma das melhores declarações sobre fé na Escritura vem da chamada carta aos Hebreus e diz assim: "A fé é um modo de possuir desde agora o que se espera, um meio de conhecer realidades que não se vêem" (11,1)[2].

Uma fé cobertor-de-segurança, ao contrário, é a garantia de coisas que se tem ao alcance, a convicção de coisas que se pode ver claramente. Em outras palavras, uma fé cobertor-de-segurança é uma fé ilusória.

Havia certa vez uma mulher de fortuna considerável. De fato ela era — tomando emprestadas palavras de uma canção da peça musical *Stop the World, I Want to Get Off* (Pare o mundo que eu quero descer), da década de 1960 — *a dirty rotten filthy stinking rich*[*]. Essa mulher tinha dinheiro para queimar e de fato o queimava regularmente com gosto. Ela nadava em luxo. Qualquer coisa em que se pensasse, ela possuía. Tudo de melhor, tudo de mais recente, tudo de mais belo, tudo de mais divertido. Ao mesmo tempo, a sra. Dinheiro à Beça era cheia de melancolia e amargura. Ela sorria por fora, chorava por dentro. Em seu coração só havia tristeza e desesperança na maior parte do tempo.

O que complicava ainda mais as coisas era que a sra. Dinheiro à Beça era uma pessoa religiosa. E uma pessoa religiosa católica. Comparecia à missa não só aos domingos, mas todos os dias da semana. A comungante diária básica. E por que ela ia à missa todos os dias? Eu vou contar. Ela ia à missa todos os dias porque queria que Deus cuidasse de algumas coisas para ela em alguns departamentos em que o seu dinheiro não tinha poder para mudar nada. Como o fato de seu marido ser tão insensível. Como o fato de seus dois filhos crescidos serem um Grande Desgosto para ela, assim como a sua filha já crescida. Grandes Desgostos, os três.

---

2. De acordo com o consenso acadêmico, Hebreus não é uma carta, estando mais próximo de ser uma homilia ou um sistema teológico.

* Algo como "uma suja, podre, nojenta e fedida rica". A idéia é enfatizar a condição de muito rica (N. da T.).

Então, a mulher ia à missa todos os dias e, quando recebia a comunhão, rezava para que o Senhor Jesus fizesse seu marido mais sensível em relação a ela, talvez para que lhe trouxesse uma rosa de vez em quando. Rezava para que um dos filhos parasse de viver em pecado com a namorada. Rezava para que o outro filho parasse de fumar e voltasse à faculdade. Rezava para que sua filha parasse de fumar, arrumasse um emprego e não morasse mais com eles, vivendo à custa dos pais. Rezava para que Deus não permitisse que seus filhos permanecessem afastados da religião católica, para que ele os trouxesse de volta à Igreja e não os deixasse vagar pela vida sem a luz da fé católica para guiá-los. Todos os dias, quando recebia a comunhão, a sra. Dinheiro à Beça rezava sinceramente para que essas coisas acontecessem. Fazia sempre essas mesmas orações para o Senhor Jesus.

Durante dois anos, a mulher foi à missa todos os dias e rezou pelas mesmas coisas, pelo seu marido, pelos seus filhos e sua filha — mas as coisas que pedia nunca aconteciam. Então, um dia, a mulher se deu conta de que suas orações não estavam sendo respondidas. Ela não estava obtendo o que pedia. Seu marido não lhe trazia uma rosa. Seus filhos e sua filha continuavam a levar a mesma vida de antes e nada mudara. Com essa constatação, a sra. Dinheiro à Beça ficou cada vez mais melancólica e, um dia, decidiu parar de ir à missa durante a semana. Era bobagem. Se Deus não ia realizar o que ela pedia e fazer seu marido e seus filhos agirem como ela queria, então ela não continuaria a ir à missa e rezar. Se suas preces não tinham sido respondidas depois de dois anos, para que continuar insistindo? Era como bater a cabeça contra a parede. Mas, primeiro, a sra. Dinheiro à Beça achou que deveria conversar com alguém sobre isso.

A sra. Dinheiro à Beça conhecia em sua paróquia uma mulher chamada Carol, porque Carol às vezes procurava a sra. Dinheiro à Beça para pedir donativos para diversas causas de caridade — pedidos que a sra. Dinheiro à Beça atendia com doações não tão grandes quanto poderiam ser. Ela lembrou que Carol parecia possuir uma certa aura de "espiritualidade" e, portanto, talvez pudesse lhe dizer por que suas orações não haviam sido atendidas.

A sra. Dinheiro à Beça ligou para Carol, que sugeriu que elas almoçassem juntas um dia naquela semana. Encontraram-se numa lanchonete e, quando chegaram seus sanduíches e bebidas, a sra. Dinheiro à Beça deixou o seu de lado e pôs-se a falar enquanto Carol comia. Explicou como estivera rezando havia dois anos sem nenhum resultado. Por que Deus ignorava suas preces, se as coisas que ela pedia eram obviamente boas? Carol terminou de mastigar um pedaço de seu sanduíche, tomou um gole de limonada e, então, ergueu os ombros e respondeu: "Não tenho a menor idéia".

A sra. Dinheiro à Beça ficou estupefata. Carol prosseguiu: "Pessoalmente, acredito que Deus quer ouvir de nós sobre nossas preocupações e aflições específicas, mas também quer que digamos obrigado de vez em quando, pelas coisas boas que temos. Quanto às suas orações, talvez você esteja sendo específica demais, ou pelo menos talvez as suas preces estejam incompletas. É bom dizer a Deus o que você acha que ele deveria fazer em relação a seu marido e seus filhos, mas eu procuro sempre encerrar minhas orações de pedidos específicos com uma prece mais geral, algo como, 'Deus amoroso, dá a essas pessoas o tipo de cura e libertação que lhes for mais necessário. Salva cada uma delas do modo que sabes que elas mais precisam ser salvas, e eu deixo isso tudo em tuas mãos. Amém'. Esse tipo de coisa. Desta forma, você deixa os pontos específicos para Deus, e a sua parte principal nisso torna-se confiar em Deus, o que, em última instância, é a parte principal de qualquer forma. Pelo menos, é o que eu acho. Você não vai comer seu sanduíche?

"Mas...", disse a sra. Dinheiro à Beça, incerta.

"Sabe o que eu acho?", Carol prosseguiu. "Acho que se o principal propósito de nossas preces for dizer a Deus exatamente o que fazer, então não queremos de fato deixar que Deus seja Deus. Isso significa, na verdade, que nós queremos ser Deus, o que quer dizer que a nossa fé não passa de um cobertor de segurança espiritual, algo para nos proteger dos momentos difíceis e dos amanhãs sombrios, e uma fé como essa não é fé de verdade, porque não requer confiança."

A sra. Dinheiro à Beça ficou devastada. Não comeu seu sanduíche, por isso Carol o embrulhou e o levou para casa para comer mais tarde. A sra. Dinheiro à Beça dirigiu seu carro de volta para casa num estado de atordoamento.

Quando a fé é um cobertor de segurança, ela se torna algo em que tentamos nos envolver, algo em que se aconchegar para ficar quente e confortável, algo em que se apoiar quando todos os outros recursos se esgotarem ou não surtirem efeito. A sra. Dinheiro à Beça usava sua fé dessa maneira, como uma fonte de controle ou poder quando seu dinheiro lhe falhava ou não podia fazer mais nada. Por fim, quando sua fé não funcionou da forma como ela queria — cuidando dos problemas que seu dinheiro não poderia resolver —, ela começou a abandoná-la.

A sempre popular santa Teresa de Lisieux (1873-1897) era uma jovem simples que tomava situações comuns do cotidiano e as transformava em momentos profundamente importantes. Ela escreveu:

> Ó como é gloriosa a fé! Em vez de restringir corações, como o mundo imagina, ela os eleva e amplia sua capacidade de amar, de amar com um amor quase infinito, uma vez que continuará intacta além de nossa vida mortal[3].

Uma fé cobertor-de-segurança restringe, pois essa é a natureza de um cobertor: cobrir e impedir um excesso de movimento, porque isso é necessário para manter seu usuário quente e protegido. De fato, essa é uma maneira de saber se sua fé se tornou um cobertor de segurança. Se você raramente sente sua fé estimular o movimento livre, se raramente se vê envolvido em atividades em prol dos outros fora de seus afazeres habituais, raramente faz qualquer coisa que não seja implicitamente aprovada pela cultura popular dominante, são boas as chances de que sua fé tenha se tornado um cobertor de segurança. De fato, levado a um extremo, um cobertor de segurança torna-se... uma camisa-de-força.

Uma camisa-de-força, claro, é uma veste em estilo de colete de mangas longas, usada para prender os braços firmemente contra o corpo. Alguém teve a brilhante idéia de desenhá-la para conter pacientes ou prisioneiros violentos. Mas a questão é que uma camisa-de-força restringe, segura ou confina, e uma fé que seja um cobertor de seguran-

---

3. Jill Haak ADELS, *The wisdom of the saints: An anthology*, New York, Oxford University Press, 1987, 49.

ça pode facilmente se tornar uma fé camisa-de-força, uma fé que restringe, que segura ou confina, que pode amarrá-lo. Em vez de libertar e curar, uma fé camisa-de-força torna praticamente impossível moverse com liberdade. Uma pessoa que veste uma camisa-de-força está segura, mas também é incapaz de agir livremente.

Se mantida por muito tempo, a fé cobertor-de-segurança certamente se torna uma fé camisa-de-força, e uma fé camisa-de-força dificilmente poderia ser considerada uma fonte de liberdade e alegria. Consideremos estas palavras de são Paulo: "É para sermos verdadeiramente livres que Cristo nos libertou. Permanecei, pois, firmes e não vos deixeis sujeitar de novo ao jugo da escravidão" (Gl 5,1).

A "escravidão" a que Paulo se refere é, claro, uma fé legalista, uma fé que depende de leis, regras e regulamentos para saber o que fazer e o que não fazer. Poucos versículos depois, Paulo diz: "Vós rompestes com o Cristo, se fazeis consistir a vossa justiça na lei; decaístes da graça" (Gl 5,4). Para são Paulo, o "jugo da escravidão" é outra metáfora para o que estamos chamando de fé cobertor-de-segurança e fé camisa-de-força. Alguém que é escravo, ou que está vestindo uma camisa-de-força, está seguro, sem dúvida. Há um tipo real de segurança associado a ser um escravo ou usar uma camisa-de-força. No primeiro caso, seu senhor cuidará de tudo. No segundo, seus cuidadores o colocam numa camisade-força para que você não machuque a si mesmo, assim asseguram-se de que nenhum outro tipo de mal possa lhe ocorrer.

Uma fé legalista oferece o mesmo tipo de segurança, o tipo de segurança que vem da escravidão ou de uma camisa-de-força. Da forma como são Paulo entendia, uma fé legalista escraviza ao legalismo. Não se pode fazer nenhum movimento sem que as regras e os regulamentos o permitam — e quando eles permitem o movimento pode-se ficar confiante e sentir-se seguro na certeza de compreender exatamente o que Deus quer ou não que seja feito. Assim, não se está seguro apenas aqui e agora, mas seguro por toda a eternidade. A fé legalista dá certeza completa, segurança total e liberdade de todas as dúvidas. Sabe-se o que Deus quer e o que não quer, porque as regras e os regulamentos fornecem essa informação. Sente-se segurança, mas essa segurança é a do escravo, a de alguém confinado a uma camisa-de-força.

Voltando à nossa metáfora inicial, porém, podemos ver agora que uma fé cobertor-de-segurança é uma fé instável. Uma fé cobertor-de-segurança é uma ilusão, porque é uma fé que confina em vez de libertar. Uma fé cobertor-de-segurança mantém a pessoa enrolada; ela não liberta. Uma fé cobertor-de-segurança dá todas as respostas e não deixa nenhuma pergunta em aberto — e é precisamente por isso que ela é uma ilusão, que o deixa cultuando não ao verdadeiro Deus, mas a uma *idéia* de Deus, um Deus que só dá regras e regulamentos que o protegem da dúvida *porque o protegem de Deus*.

Quando seres finitos, como nós, encontramos um ser infinito, como Deus, é impossível os seres finitos apreenderem ou compreenderem o ser infinito, pois o finito não pode compreender o infinito. No que se refere a nós, humanos, isso significa que a fé sempre inclui a dúvida. A dúvida é uma parte constituinte da fé autêntica. Sem dúvida, não há fé autêntica. Uma fé desprovida de dúvidas e perguntas não é mais uma fé autêntica, mas alguma outra coisa: um cobertor de segurança, uma ideologia, ou uma aspirina espiritual, só para começar. No entanto, guardaremos para o último capítulo deste livro um exame mais profundo da fé e da dúvida.

Um dos sinais mais confiáveis da fé autêntica é uma vida que inclui escolhas arriscadas a que apenas a fé pode dar sentido. Que escolhas arriscadas? Consideremos a velha pergunta: se ser cristão fosse contra a lei, haveria indícios suficientes de que você leva uma vida cristã para condená-lo num tribunal? Escolhas arriscadas baseadas na fé incluem os riscos que você corre ao dar testemunho público com relação a questões de justiça social, por exemplo. Isso inclui pessoas que infringem leis para atrair a atenção para injustiças ou para obter apoio para boas causas de vários tipos. Inclui pessoas que são mandadas à prisão por terem realizado tais ações. Mas, no longo prazo, no quadro histórico mais amplo, tais pessoas são a exceção — testemunhas proféticas cujo testemunho é importante, sem dúvida, mas exceções ainda assim.

Mais comuns são as escolhas arriscadas baseadas na fé que parecem tão corriqueiras que raramente as percebemos. Tomemos, por exemplo, a escolha do casamento. Quando se escolhe não simplesmente *casar*, mas casar *com aquela pessoa específica*, corre-se um enorme risco que apenas uma fé religiosa pode suportar. Pense nisso. Quando você casa, assume um compromisso incondicional com um relacionamento imperfeito num mundo imprevisível. Aqueles cuja escolha de se casar é baseada na fé, em última instância baseada na confiança em Deus, assumem um risco que não fica muito evidente no dia do casamento. Mas é um risco ainda assim, e um risco grande. É o tipo de risco que é sinal de fé autêntica, uma fé que não é um cobertor de segurança.

Na verdade, qualquer escolha de vida importante baseada na fé é uma escolha arriscada caracterizada por considerável incerteza. Não há como estar absolutamente certo de estar fazendo a escolha correta. Tudo que se pode fazer é considerar todas as possibilidades, recolher tanta informação quanto possível, consultar as fontes de sabedoria que possam estar disponíveis e, então, escolher. A escolha de se tornar um sacerdote ou uma religiosa é tão arriscada quanto a escolha de se casar. Põe-se a vida na corda bamba e as conseqüências tendem a ser mistas, mesmo quando se faz uma boa escolha.

De fato, apenas a fé autêntica possibilita lidar de maneira positiva e significativa com a "mistura" das conseqüências de nossas escolhas. Em termos cristãos tradicionais, qualquer escolha de vida tende a levar tanto a alegria como a tristeza, a trevas e a luz — à cruz e à ressurreição. Apenas a fé pode dar sentido à tristeza e às trevas que resultam de uma escolha de vida. Apenas a fé pode reconhecer e acolher a dimensão de nossa escolha que é simbolizada pela cruz. Casar-se é uma alegria, sem dúvida, mas casar-se é também abraçar a cruz de Cristo. Ter filhos resulta em profunda alegria, mas às vezes resulta também em profunda dor. Tornar-se sacerdote ou religiosa, ou escolher permanecer solteiro, é escolher um caminho que leva tanto a alegria como a tristeza. Apenas os olhos da fé podem ver tanto na cruz como na ressurreição uma vida que vale a pena ser vivida, um compromisso ao qual vale a pena manter-se fiel por toda a vida.

Se a fé fosse um cobertor de segurança, alguns dos exemplos mais heróicos de santidade cristã ao longo dos séculos teriam sido completamente equivocados. Falo, claro, dos incontáveis mártires que morreram por ser cristãos. Entre os exemplos modernos podemos citar são Maximiliano Kolbe, o sacerdote franciscano polonês que, durante a Segunda Guerra Mundial, ofereceu-se como voluntário para ficar no lugar de outro homem condenado a morrer de fome no terrível campo de morte nazista de Auschwitz; e santa Edith Stein, uma judia convertida ao catolicismo e freira carmelita que morreu em circunstâncias semelhantes. Ao morrer por sua fé, Maximiliano Kolbe e Edith Stein seguiram os passos de incontáveis mártires cristãos anteriores para quem a fé era qualquer coisa, menos um cobertor de segurança. Em vez disso, para eles a fé foi um bilhete só de ida para um sofrimento terrível e para a morte. Claro que se pode sugerir que, no longo prazo, a fé acabou sendo de fato um cobertor de segurança para esses mártires, porque garantiu-lhes a segurança eterna. Mas dizer isso é não entender o ponto principal, pois só a fé pode "ver" além da morte, precisamente a fé que, ela apenas, permitiu que os mártires cristãos confiassem no amor de Deus a ponto de estar dispostos a abdicar de tudo, mesmo da própria vida, pelo que a sua fé prometia.

Se a fé fosse um cobertor de segurança, ela não passaria de uma ilusão patética e de uma fraca substituta para um bom e sólido conjunto de apólices de seguros. De fato, apólices de seguros seriam preferíveis a uma fé cobertor-de-segurança, porque, ao menos, a apólice de seguros entrega dinheiro à vista se algo desagradável lhe acontecer. A fé, por outro lado, nunca entregará nada além da liberdade suprema, a cura suprema e uma segurança que faz com que a insegurança desta vida se revele pouco importante no longo prazo.

5

A fé não é uma cláusula de salvaguarda ou uma brecha

Uma cláusula de salvaguarda e uma brecha não são a mesma coisa, embora sejam similares. Uma cláusula de salvaguarda é uma disposição num contrato que especifica as condições em que o signatário do contrato está liberado de responsabilidade por não cumprir os termos acordados. Em outras palavras, uma cláusula de salvaguarda é de fato uma parte do contrato que permite ao signatário liberar-se do contrato, tudo ali, branco no preto, para todos verem.

Uma brecha, por outro lado, é uma forma de escapar de uma dificuldade, em especial uma omissão ou ambigüidade na redação de um contrato ou lei, que proporciona um meio de escapar de suas disposições. No entendimento popular, uma brecha é um modo de evitar ser responsável por algo ou de evitar as conseqüências de suas promessas e ações.

Agnóstico por toda a vida, W. C. Fields, o grande comediante de teatro de variedades e, no início do século XX, de cinema e rádio, estava no hospital em razão do que viria a ser sua doença final. Groucho Marx visitou Fields e encontrou-o deitado na cama lendo a Bíblia. "Ora essa,

Bill", disse Groucho, "o que você está fazendo?" Ao que Fields respondeu: "Procurando brechas".

A fé não é uma cláusula de salvaguarda nem uma brecha. Em primeiro lugar, a fé não é de forma alguma um legalismo. Não se concorda em "ter fé" ou "acreditar" para "ser salvo". O Criador do universo não diz para nós: "Este é um trato. Acredite em mim e obedeça às minhas regras e você ganhará o céu depois que morrer. Não acredite em mim e desobedeça às minhas regras e seu futuro será um inferno por toda a eternidade".

A fé não é um lado de um contrato com Deus que lhe permite ter uma existência mais feliz, mais agradável, mais livre de sofrimento do que as pessoas que não concordam em "ter fé". A fé não lhe dá uma vantagem no jogo da vida; ela não é um *handicap* no golfe. A fé não o coloca numa posição melhor diante dos problemas e dificuldades da vida, como se Deus fosse ajudá-lo a ter menos problemas e dificuldades do que aqueles que não crêem. A fé não garante que você terá mais diversão e mais dinheiro do que os que não "têm fé".

Isto é o que está na raiz da inclinação para pensar na fé como uma cláusula de salvaguarda ou uma brecha: o desejo de ter a sua parte no bolo e comê-la. Para ilustrar, Albert Camus, grande filósofo e romancista do século XX, certa vez gracejou: "Todos gostariam de se comportar como pagãos, com todos os demais se comportando como cristãos".

Pensar na fé como uma cláusula de salvaguarda é pensar que, pelo fato de "acreditar", você pode escrever em sua vida uma cláusula que lhe permitirá sair impune de praticamente qualquer comportamento que queira e ainda ser bem recebido nos portões celestiais quando morrer. Pensar na fé como uma cláusula de salvaguarda é agir como se Deus fosse um trapaceiro cósmico que o obriga a assinar um contrato chamado "vida", que terá conseqüências certamente sombrias, porém a vida vem com uma cláusula de salvaguarda, veja só, chamada "fé", atenção, que lhe permite desvencilhar-se das aflições da vida como um passe no jogo Monopólio que lhe permite avançar e receber 200 dólares.

Em seu notável romance *Mr. White's confession*, Robert Clark conta a história de Herbert White, um homem não muito brilhante mas de bom coração que, ao seguir seus instintos de fazer o bem e confiar nos outros, acaba sendo injustamente mandado para a prisão, onde permanece por muitos anos[1]. Condenado pelo assassinato de Ruby Fahey, uma jovem por quem ele sentia grande afeição, uma mulher que ele não teria ferido por nada neste mundo, Herbert White por fim tem sua inocência provada, é libertado da prisão e pode retornar à sua cidade natal. A última sentença do romance diz assim:

> Herbert White ficou sozinho, apenas com o amor de Ruby e sem a lembrança clara dela; e esse amor era indistinguível de todo outro amor e beleza que pudesse existir, do que brilhava nas árvores, da luz tombando das folhas coloridas[2].

Se a fé fosse uma cláusula de salvaguarda, Herbert White não seria sentenciado a muitos anos de prisão por seguir sua inclinação natural de agir com confiança; e se ela fosse uma brecha ele seria solto após poucos dias ou semanas. Em vez disso, Herbert White vive seus anos na prisão quietamente e, quando finalmente é solto, encontra-se misteriosamente, misticamente unido com o que Dante, em sua *Divina comédia*, chamou de "o Amor que move o sol e as outras estrelas". O amor de Herbert White pela há muito morta Ruby Fahey é "indistinguível de todo outro amor e beleza que pudesse existir..." No entanto, sua fé, que permanece implícita e não expressa ao longo da novela, não o salva do sofrimento. Em vez disso, por ser precisamente o que é, ela o leva à união com o amor e a beleza propriamente ditos — em outras palavras, com Deus.

É da própria natureza da fé ela não ser uma cláusula de salvaguarda ou uma brecha. Pois, se o fosse, não seria fé.

Outro exemplo da ficção é o delicioso romance de Clyde Edgerton, *Walking across Egypt*[3]. Edgerton conta a história de Mattie Rigsbee, da cidade de Listre, Carolina do Norte, que é uma cozinheira fantástica e tem uma inclinação por abrir sua casa para cachorros perdidos.

Mattie se afeiçoa a um adolescente delinqüente chamado Wesley Benfield, que chega para se aproveitar de Mattie e acaba sendo vencido pelo amor dela... e por seus dotes culinários. No fim, Wesley faz algu-

---

1. Robert CLARK. *Mr. White's confession*, New York, Picador, 1998.
2. Ibid., 341.
3. Clyde EDGERTON, *Walking across Egypt*, New York, Ballantine, 1987, 1988.

mas escolhas que o colocam atrás das grades, mas Mattie não o abandona, aconteça o que acontecer. Mesmo no final da história, com Wesley de volta à cadeia e o cachorro perdido de volta ao canil, Mattie não desiste de nenhum dos dois. Ela assina papéis concordando em tornar-se guardiã de Wesley, e não há dúvida de que conseguirá o cachorrinho de volta também.

Mattie Rigsbee é uma metáfora de Deus e, em suas relações com ela ao longo de toda a história, os outros personagens experimentam o que é a fé. Ninguém experimenta uma cláusula de salvaguarda, e ninguém experimenta uma brecha. Todos eles têm a experiência de ser salvos, o que é algo completamente diferente.

Pode ser fácil confundir a fé com uma cláusula de salvaguarda, porque às vezes a fé autêntica pode dar a sensação de ser um escape. A fé real pode fazer alguém se sentir como se estivesse sendo arrancado das garras do desastre no último minuto. Pessoas que passam pela experiência de uma conversão quando adultas às vezes relatam o evento nesses termos. Uma das conversões mais famosas do século XX foi a de Thomas Merton, que levava uma vida desregrada e indisciplinada, pelo menos pelos padrões da década de 1930, uma vida cheia de bebida, festas, sexo e cigarros. Com cerca de 16 anos, Merton teve um filho na Inglaterra, o que levou seu guardião legal a despachá-lo, desonrado, para seus parentes nos Estados Unidos[4].

Muito mais tarde em sua vida, depois de sua conversão ao catolicismo, e após muitos anos como monge trapista, Merton escreveu:

> Em última instância, a fé é a única chave para o universo. O sentido final da existência humana e as respostas para perguntas de que toda a nossa felicidade depende não podem ser alcançados de nenhuma outra forma[5].

Para Merton, a experiência de ser "salvo" — e a fé que veio com essa experiência — mudou tudo. Foi, de fato, como ser arrebatado da

4. Ver Michael MOTT, *The seven mountains of Thomas Merton*, Boston, Houghton Mifflin, 1984.

5. Thomas MERTON, *New seeds of contemplation*, New York, New Directions, 1961, 130. [Ed. bras.: *Novas sementes de contemplação*, Rio de Janeiro, Fissus, 1999.]

beira do desastre. Foi um Escape. Mas não foi uma cláusula de salvaguarda, porque não havia nenhum contrato; houve apenas o Escape. Merton viu a fé mais como "a única chave para o universo", não como uma cláusula de salvaguarda. Não era uma questão de sair impune de alguma coisa, era mais um afastar-se de algo. "Ter" uma fé autêntica não significa que agora se pode passear pela vida num Rolls Royce espiritual, bebericando numa taça de champanhe espiritual.

Numa carta para alguém que empreendia uma busca espiritual, Merton escreveu:

> Essa é a minha briga com pessoas religiosas. Elas estão vendendo respostas e consolos. Estão no negócio da segurança. Eu não lhe dou segurança nenhuma, exceto de que eu conheço o seu vazio e de que estou nele, mas tenho um modo diferente de entender a mim mesmo nele. Não é tão mais agradável. Mas faz, para mim, muito sentido...[6]

A fé autêntica não é um conjunto de respostas e consolos prontos. O fato de às vezes ela poder ser, ou de fato ser, reconfortante é casual. Na verdade, a fé é uma maneira de olhar e compreender a vida, o mundo, as outras pessoas, o universo e a existência humana. O resultado da fé é ser capaz de encontrar algum sentido nisso tudo e ver aí algum significado. Em suas raízes, a fé não é um sentimento positivo, ou um sentimento de qualquer tipo aliás.

Uma "fé" que seja uma cláusula de salvaguarda geralmente acha necessário condenar o mundo como mau, enquanto a fé autêntica dedica-se a servir e a salvar o mundo. A fé genuína acolhe o mundo sem fazer de conta que não existe mal nele. Padre Godfrey Diekmann, grande estudioso e liturgista beneditino, certa vez lembrou sua participação nas discussões do Concílio Vaticano II, em meados da década de 1960, que produziram o revolucionário documento do concílio sobre reforma litúrgica. As palavras finais pronunciadas pelo padre na missa são: "Ide em paz para amar e servir ao Senhor". Diekmann disse que, se pudesse fazer tudo outra vez, recomendaria que o padre dissesse: "Ide em paz para amar e servir ao mundo"[7].

---

6. ID., *A witness to freedom: Letters in times of crisis*, sel. e org. William H. Shannon, New York, Farrar, Straus & Giroux, 1994.

7. Recordação pessoal do autor.

Se a fé de alguém se torna uma cláusula de salvaguarda ou uma brecha, pode-se ter certeza de que essa fé não é mais a fé de um adulto, mas a fé de alguém que é emocional e espiritualmente infantil. Não suponha, porém, que uma fé cláusula de salvaguarda ou brecha seja a mesma coisa que uma fé que continua a acreditar em milagres. De jeito nenhum.

O maravilho filme de 1978 do diretor italiano Ermanno Olmi, *A árvore dos tamancos*, retrata um ano na vida de uma comunidade de camponeses no norte da Itália no final do século XIX. O crítico cinematográfico Leonard Maltin fala a seu respeito: "um épico simples, discretamente belo: uma obra de arte"[8]. Ao longo do filme, Olmi mostra a fé católica da comunidade pobre de formas que a revelam singela, porém saudável.

Um dia, uma vaca da família fica doente, então a mãe viúva chama o veterinário. Ele chega, examina a vaca, diagnostica que não há esperança e aconselha a mulher a matar a vaca, assim pelo menos a família teria a carne. A mulher fica arrasada, pois sua família já não possui praticamente nada. Sem a vaca, seus filhos não terão leite. Então, a mulher começa a rezar para Jesus e para a Virgem Santíssima, implorando que eles não deixem sua vaca morrer.

Depois que a mulher vai à pequena igreja da aldeia para rezar, ela sai e enche uma garrafa com água do riacho que corre ao lado da igreja, orando para que Deus abençoe a água. Ao voltar para casa, ela entra no celeiro e despeja a água pela garganta da vaca, rezando o tempo todo. Então sai e deixa a vaca deitada ali, numa triste condição.

Mais tarde naquele dia, dois dos filhos da mulher chegam afobados para lhe contar que a vaca está de pé. Ela corre até o celeiro e, de fato, a vaca está bem outra vez. A mulher ajoelha e faz uma prece de agradecimento, mas é quase como se ela não estivesse surpresa com o que aconteceu. A fé dessa mulher é tanta que ela espera milagres. Isso significa que a fé dela é uma cláusula de salvaguarda ou uma brecha? De forma alguma.

Uma fé que procura e espera milagres pode ser uma fé adulta perfeitamente autêntica. A diferença entre uma fé cláusula-de-salvaguarda

---

8. Leonard MALTIN, *Leonard Maltin's 1999 Movie & Video Guide*, New York, Signet Books, 1999, 1.433.

e uma fé que não se surpreende com milagres é que esta última não vê os milagres — como a cura de uma vaca doente da qual uma família pobre depende para obter comida — como algo fora do comum. Ao mesmo tempo, a fé real não depende de milagres. A fé real não desaparece se milagres não acontecem. Se a vaca da mulher não tivesse sido curada, ela não teria perdido a esperança ou deixado de crer.

A questão aqui é que um milagre, grande ou pequeno, não é uma cláusula de salvaguarda ou uma brecha. Um milagre é uma conseqüência "natural", por assim dizer, da fé autêntica. Pegue-se qualquer história de milagre nos Evangelhos — por exemplo, a história, no Evangelho de Lucas, do homem que era cego:

> Ora, quando ele [Jesus] se aproximava de Jericó, um cego estava sentado à beira do caminho, pedindo esmolas. Tendo ouvido passar a multidão, perguntou o que era. Anunciaram-lhe: "É Jesus, o Nazoreu, que está passando". Ele exclamou: "Jesus, filho de Davi, tem compaixão de mim!" Os que iam na frente o repreendiam para que se calasse; mas ele gritava ainda mais: "Filho de Davi, tem compaixão de mim!" Jesus se deteve e ordenou que lho trouxessem. Quando ele se aproximou, Jesus o interrogou: "Que queres que eu faça por ti?" Ele respondeu: "Senhor, que eu recupere a vista!" Jesus lhe disse: "Recupera a vista! A tua fé te salvou!" No mesmo instante, ele recuperou a vista e foi seguindo Jesus, dando glória a Deus. Todo o povo, vendo isto, ergueu a Deus o seu louvor (18,35-43).

Este é mais ou menos um relato típico de uma cura miraculosa nos Evangelhos. Típico porque tem quatro partes. Primeiro, a pessoa aflita pede que Jesus a ajude. Segundo, Jesus pede informações mais específicas: o que, exatamente, a pessoa quer? Terceiro, a pessoa aflita explica explicitamente o que deseja de Jesus. Quarto, Jesus diz à pessoa: *a tua fé te salvou*.

Repare que Jesus não diz "A tua fé te curou". Talvez mais importante ainda, Jesus não diz "*Eu* te curo". Ele diz "A tua fé te *salvou*". Para o Evangelho de Lucas, a questão aqui é que uma cura miraculosa é apenas um sinal de algo muito maior. Uma cura miraculosa é um sinal de que a *salvação* veio para aquela pessoa. O milagre é apenas uma manifestação física de uma realidade muito mais profunda, a realidade da salvação. Claro que isso é apropriado, porque *salvação* significa "cura e libertação tanto nesta vida como na próxima".

Uma cura miraculosa é simplesmente um sinal de que a fé é real e ativa na vida de uma pessoa e/ou na vida daqueles próximos a essa pessoa. Sua fé "o salva", e uma das maneiras como a fé às vezes "salva" uma pessoa é por meio de uma cura física miraculosa. Assim, um milagre é ao mesmo tempo um sinal e uma manifestação de fé genuína. Tal fé não tem nada a ver com brechas e cláusulas de salvaguarda.

Claro que a fé "salva", mas, como já foi mencionado, a "salvação" que a fé realiza é mais bem compreendida como uma cura e uma libertação espirituais que começam nesta vida e completam-se na próxima. É o caráter espiritual da salvação que faz dela o que ela é, porém, como nós, humanos, somos espíritos incorporados, não há nada que nos afete espiritualmente que não nos afete também fisicamente. Às vezes, a experiência por uma pessoa dessa fé que salva é tal que, em algum ponto de sua vida, inclui também uma cura física, psicológica ou emocional.

Mas isso não está começando a se parecer com uma cláusula de salvaguarda ou uma brecha no contrato imprevisível chamado "vida"? Temos aqui uma pessoa como qualquer outra pessoa, mas, pelo fato de ela ter fé, pelo menos às vezes uma cura miraculosa, seja ela física ou emocional, vem junto com o pacote. Isso não é um escape no contrato? Um modo de se desvencilhar da escuridão que alguém sem fé teria de enfrentar sem escapatória? Pelo contrário, porque a cura que a fé às vezes traz não é mágica, mas uma conseqüência "natural" da fé.

Num sentido técnico, mágica é o poder de manipular ou controlar forças sobrenaturais pelo uso de certas palavras e/ou gestos. Na mágica, a pessoa humana tem poder sobre o sobrenatural, pode levar as forças sobrenaturais a fazer o que ela quer usando as palavras e/ou gestos formulares certos. Na fé, porém, não há poder para controlar Deus ou para forçar Deus a fazer qualquer coisa. Voltando ao exemplo da viúva em *A árvore dos tamancos*, à primeira vista pode parecer que ela controla, ou está tentando controlar, Deus ao dizer certas orações e dar à vaca água benta para beber, o que teria levado à cura do animal. Na verdade, as orações da mulher são pedidos de um favor divino e a água benta é simplesmente a imaginação sacramental católica da mulher em ação.

Em outras palavras, como a mulher sabe que o amor de Deus está presente e ativo em todas as coisas criadas, ela expressa sua fé coletando a água abençoada e dando-a para a vaca beber. Ela não atribui nenhum poder mágico às suas orações ou à água. Como ela é católica, expressa sua fé pelo uso de coisas criadas, por exemplo a água abençoada. Ela faz suas orações e deixa a situação inteiramente nas mãos de Deus, acreditando que o que quer que aconteça será pelo melhor, que Deus estará com ela e com seus filhos quer a vaca viva ou morra.

Se a vaca tivesse morrido em vez de ter sido curada, a fé da mulher não enfraqueceria mas, ao contrário, se fortaleceria, assim como aconteceu pelo fato de a vaca ter sido curada. A fé dessa mulher não é uma cláusula de salvaguarda ou uma brecha porque ela não pensa em sua fé como uma forma de escapar de nada. Sua fé é completa confiança na compaixão amorosa de Deus, aconteça o que acontecer. A fé não é mágica, porque não é uma forma de controlar Deus ou de forçar Deus a fazer qualquer coisa.

E quanto às crenças católicas referentes à vida após a morte, o que quer que aconteça depois da morte? É fácil resvalar para imagens simplistas de um céu cheio de nuvens onduladas, pessoas em vestes brancas tocando harpa e anjos alados flutuando em volta. Assim como dependemos de metáforas e analogias para falar sobre realidades transcendentes nesta vida, também fazemos o mesmo para falar sobre o mistério da vida após a morte. Os termos tradicionais são "céu" e "inferno", duas palavras usadas para expressar a crença de que há conexões entre esta vida e a próxima, especificamente entre escolhas que fazemos nesta vida e a condição que podemos esperar para a próxima.

Uma vez mais, é importante lembrar que a linguagem humana e os conceitos humanos são extremamente limitados quando se trata de falar sobre questões que deixam o intelecto humano comendo poeira. "Céu" e "inferno" são simplesmente palavras que usamos para falar sobre condições pós-morte que são Boas ou Más. Também usamos essas palavras para transmitir nosso entendimento de que nosso comportamento nesta vida terá conseqüências, Boas ou Más, na próxima. Claro que isso nos leva pelos caminhos percorridos pela teologia moral e pela ética e não temos aqui nem o espaço nem a intenção de enveredar por essa linha de pensamento específica.

Talvez seja suficiente ter em mente a convicção do catolicismo de que, mesmo nesta vida, começamos a compartilhar a vida do céu. Não é como se houvesse uma ruptura completa entre nossa condição "aqui" e a condição em que estaremos "lá". Conforme explica o *Catecismo da Igreja Católica*:

> Quando a Igreja reza "Pai nosso que estais no céu", professa que nós somos o Povo de Deus já "assentados nos céus, em Cristo Jesus" (Ef 2,6) e "escondidos com Cristo em Deus" (Cl 3,3); e, ao mesmo tempo, "gememos pelo desejo ardente de revestir por cima da nossa morada terrestre a nossa habitação celeste" (2Cor 5,2; cf. Fl 3,20; Hb 13,14)[9].

A crença tradicional de que tanto a condição Boa como a Má são possíveis depois da morte significa que o cristianismo não é uma passagem automática para o céu; que a fé cristã não é uma brecha cósmica. Em vez disso, Deus nos cria livres, nós temos escolhas que não podemos contornar, e a maneira como fazemos essas escolhas tem implicações eternas. Se agimos pela fé, porém — em fidelidade à nossa relação com Cristo —, não precisamos nos sentir ansiosos em relação ao nosso destino eterno. E, no fim, fé tem a ver com confiar em nossa relação com um Deus infinitamente compassivo e misericordioso.

Como vimos num capítulo anterior, o melhor argumento contra qualquer entendimento inadequado da fé é a fé do Jesus dos Evangelhos. Repetidas vezes nos Evangelhos, torna-se evidente que a fé de Jesus não é de nenhuma cláusula de salvaguarda ou brecha. Ela não o protege; ao contrário, compele-o a permanecer fiel à sua missão apesar dos perigos envolvidos. Foi a fé que manteve Jesus firme em sua tarefa, mesmo ao ponto de suportar um terrível sofrimento e uma morte humilhante e dolorosa. Mas, você poderia se perguntar, não poderíamos dizer que, em última instância, a fé de Jesus foi uma cláusula de salvaguarda, porque sua Ressurreição foi o escape supremo?

Poderíamos falar da fé de Jesus como a cláusula de salvaguarda suprema apenas se ela o tivesse salvo de experimentar a morte. Mas os Evangelhos deixam claro que Jesus teve a experiência completa da morte.

---

9. *Catecismo da Igreja Católica*, 2. ed., n. 2.796.

Depois que morreu na cruz, Jesus estava tão morto quanto qualquer ser humano pode estar. Assim, sua fé não lhe ofereceu nenhum escape da experiência suprema da limitação e da finitude humanas. Só depois de ter passado pelas portas sombrias da morte Jesus experimentou a ressurreição — um mistério que os Evangelhos não esclarecem, mas apenas descrevem segundo seus efeitos em Jesus, uma vez que ele esteve presente entre seus discípulos depois da Ressurreição.

A fé de Jesus não foi uma cláusula de salvaguarda e a nossa fé não é uma cláusula de salvaguarda. A fé é fonte de coragem e confiança diante da morte e, às vezes, a fé nos compele a defender o que é certo mesmo que a conseqüência possa ser o sofrimento e mesmo a morte. Em vez de ser uma brecha, a fé é a fonte de uma visão que transcende esta vida, uma perspectiva que pode levar em conta mais do que esta vida, uma percepção de que há mais na vida do que o que o olho alcança.

A fé não é nenhuma brecha nem cláusula de salvaguarda. Em vez disso, a fé leva por um caminho de confiança, mas não de confiança cega. A fé leva-o a confiar em suas próprias intuições mais profundas e a tomar as suas experiências mais significativas de sentido e amor como indicações de que Sentido e Amor são a resposta final a todas as perguntas mais inquietantes da vida. Em vez de ser uma cláusula de salvaguarda, a fé é, em última instância, uma experiência de Sentido em meio à falta de sentido, de Luz na mais profunda escuridão e de Amor diante das manifestações mais inumanas de ódio e crueldade.

Como acontece com tanta freqüência, G.K. Chesterton oferece palavras que esclarecem exatamente o que queremos dizer: "A fé está sempre em desvantagem; ela é algo perpetuamente derrotado que sobrevive a todos os seus conquistadores". E mais: "Esta é a definição de uma fé. Uma fé é aquilo que é capaz de sobreviver a uma disposição"[10].

Com muita freqüência, é uma disposição que nos inclina a agir como se a fé pudesse ser uma cláusula de salvaguarda ou uma brecha. No entanto, vivemos numa cultura que encara as disposições muito a sério. Um dicionário define *disposição* como "um estado de espírito ou

---

10. Ambas as citações são de George J. MARLIN et al., *The Quotable Chesterton*. San Francisco, Ignatius Press, 1986, 122.

de emoção", e a cultura dominante leva emoções muito a sério, como se nada fosse mais real do que uma emoção. Porém, como Chesterton viu, uma fé autêntica, uma fé adulta, é aquela que é capaz de sobreviver a uma emoção. A fé é mais profunda e mais forte do que qualquer emoção ou disposição. É até mesmo possível — um pouco de sarcasmo aqui — que a fé possa levá-lo a agir de uma forma contrária à sua disposição, à sua emoção, a como você está se sentindo no momento!

A coisa mais surpreendente é que, quando se age de acordo com a fé, e não de acordo com uma disposição ou emoção, no longo prazo acaba-se descobrindo uma fé que ultrapassa o entendimento. Ah, você pode estar pensando, mas não é possível que a fé e uma disposição possam coincidir? Sim, é possível. Mas não podemos nos dar ao luxo de pressupor que fé e emoção coincidam numa determinada situação. Precisamos ser mais cautelosos e autocríticos. No mínimo, devemos começar pela pressuposição contrária, de que fé e sentimento *não* coincidem. Esse é o caminho mais difícil, mais estreito, e o que tem mais chance de levar pelo rumo do Evangelho. O teste definitivo é se a decisão de agir de forma contrária à disposição leva a paz mais adiante no percurso, alguns dias ou semanas depois — e é preciso fé para ser paciente, para esperar e ver.

Estas palavras do mestre espiritual moderno Carlo Carretto (1910-1988) ilustram esse ponto:

> Você quer saber o segredo da verdadeira felicidade? Da paz profunda e genuína? Quer resolver de uma só vez todas as suas dificuldades nas relações com o próximo, dar um fim a todas as polêmicas, evitar todas as dissensões?
>
> Bem, decida aqui e agora amar os homens e as coisas como Jesus os amou, ou seja, ao ponto do auto-sacrifício. Não se preocupe com a contabilidade do amor; o amor não faz contas.
>
> Se você conhece alguém que seja decente e apreciável, ame essa pessoa, mas se um outro alguém for muito desagradável, ame-o assim mesmo. Se alguém o cumprimentar e sorrir, cumprimente-o e sorria de volta, mas se um outro alguém pisar no seu pé, sorria assim mesmo. Se alguém fizer para você uma coisa boa, agradeça ao Senhor por isso, mas se um outro alguém o caluniar, perseguir, amaldiçoar, atacar, agradeça e siga em frente.

> Não diga, "Eu estou certo, ele está errado". Diga, "Preciso amá-lo como a mim mesmo". Esse é o tipo de amor que Jesus ensinou: um amor que transforma, vivifica, enriquece, traz paz.[11]

Percebe o problema que você pode arrumar se a disposição e a emoção for seu guia constante? Quando identificamos o caminho da fé com o caminho que uma disposição ou emoção nos diz para seguir, transformamos a fé numa cláusula de salvaguarda ou numa brecha, uma mera justificativa para o que sentimos vontade de fazer, uma desculpa para fazer o que temos vontade. Se uma pessoa querida faz uma coisa que o irrita, é uma boa atitude informar isso a ela. Mas se o comportamento irritante continua por pura distração ou falta de percepção de seu amigo, chega um ponto em que a fé o leva a fechar a boca e simplesmente amar a seu próximo como a si mesmo. Mas é preciso amar a si mesmo, pois a fé autêntica requer que se aceite a vida como um dom e que se cultive a vida dentro de si.

Uma fé cláusula-de-salvaguarda ou brecha na verdade não é uma fé, mas um substituto barato que apenas lhe permite seguir suas próprias inclinações em vez de ser guiado por sua intimidade com o Cristo Ressuscitado e pelo espírito do Evangelho. A paz que uma fé cláusula-de-salvaguarda ou brecha proporciona é efêmera e logo desaparece com o momento, enquanto a fé autêntica pode não dar uma sensação boa na hora, mas logo produz uma paz que nada no mundo pode proporcionar, uma paz que dura para além do tempo e do espaço.

---

11. Citado em Teresa de BERTADANO. *The Book of Catholic Wisdom: 2000 Years of Spiritual Writing*, Chicago, Loyola Press, 2001, 195.

6

A fé não é uma muleta

Uma das acusações mais comuns feitas à fé religiosa é que ela não passa de uma muleta para pessoas fracas demais para erguer o corpo e encarar a vida. "A religião é boa para aqueles que precisam de uma muleta para enfrentar a vida." Nada poderia estar mais distante da verdade, claro, quando se trata da fé autêntica.

A verdade plena é que tanto a fé como a opção de viver sem fé podem ser muletas. Para algumas pessoas, a fé — ou antes, uma forma imatura de fé — é, de fato, uma muleta. Porém, para algumas pessoas, a escolha de viver sem fé também é uma muleta. Em ambos os casos, estamos falando de pessoas dispostas a erguer a cabeça e viver a vida com os pés no chão. Alguns usam a religião como uma muleta, outros usam o agnosticismo, o ateísmo, a indiferença religiosa ou o ceticismo como muleta. Qualquer uma dessas coisas pode ser uma muleta, e qualquer uma delas pode ser uma posição honesta de coragem. Não querer ter nada a ver com a religião ou dizer que a religião não passa de uma muleta para os fracos é negligenciar o fato de que qualquer postura de vida ou visão de mundo pode ser usada como muleta. A diferença está em como a pessoa compreende e se relaciona com a religião, ou com o agnosticismo, o ceticismo, e assim por diante.

Se a sua religião ou o seu agnosticismo é uma presença desafiadora em sua vida, que o inspira a assumir riscos e a continuar a crescer, não é uma muleta. Se sua religião, ou seu agnosticismo, ou sua indiferença religiosa servem de base para uma posição de vida de superioridade presunçosa ou de impotência servil, ela é uma muleta. Em outras palavras, não-crentes acusarem crentes de precisar de uma "muleta" é, na melhor das hipóteses, uma atitude pouco sincera. Qualquer visão de mundo ou concepção de vida pode ser uma muleta se for usada para proteger da realidade.

Essa é uma perspectiva. Outra poderia ser dizer que, bem, algumas pessoas não têm outra opção a não ser usar uma muleta para se locomover. Sem a muleta, elas não seriam capazes de se deslocar. Se uma pessoa tem uma perna quebrada ou um tornozelo torcido, por exemplo, ela precisa de uma muleta, e quem vai negar a essa pessoa o uso da muleta? Algumas pessoas precisam usar uma muleta ou um par de muletas o tempo todo por serem portadoras de alguma deficiência. Qualquer um que diga que pessoas que precisam usar muletas são fracas é insensível e irrealista, para dizer o mínimo.

Algumas — talvez muitas — pessoas podem usar a fé como uma muleta espiritual, uma forma de ajudá-las a se locomover pelo mundo pelo fato de não terem outra escolha. Suas deficiências espirituais ou emocionais tornam isso necessário. Se esse é o caso, isso certamente não significa que a fé dessas pessoas não seja autêntica. Significa apenas que a metáfora da muleta tem sérias limitações. Uma muleta é um meio de apoio para compensar um meio natural de apoio — como uma perna ou tornozelo — que, por alguma razão, se encontra enfraquecido.

Nesse sentido, pode não ser justo acusar a religião de ser uma muleta para aqueles incapazes de ficar em pé e encarar a vida por seus próprios meios. Na verdade, a maioria das pessoas não é capaz de encarar a vida sem nenhuma assistência. Para a maior parte das pessoas, é mais uma questão de onde elas escolhem obter ajuda. A questão é entre escolher obter ajuda de uma fonte que escraviza ou de uma fonte que liberta, de uma fonte que limita a visão ou de uma fonte que amplia os horizontes. Muitas pessoas apóiam-se em dependências em busca de suporte, dependências de tudo, desde comida a álcool ou nicotina, de uma busca interminável de segurança econômica total à compulsão pela televisão.

A diferença entre tudo isso e a fé religiosa autêntica é que a fé, se for real, é uma fonte de segurança apenas por paradoxo. A fé proporciona segurança por levar à renúncia da segurança. A fé oferece conforto ajudando a abandonar a necessidade de conforto. A fé torna-se uma rede de segurança apenas quando se pula no vazio. A fé proporciona certeza só quando se está disposto a viver com a incerteza. A fé é uma muleta apenas quando se ergue a cabeça e se caminha sem nenhum meio de apoio visível.

Se a vida cristã tivesse um manifesto, este seria o Sermão da Montanha, no Evangelho de Mateus, e se o Sermão da Montanha tivesse um coração, este seriam as Bem-Aventuranças. Dê uma olhada nas Bem-Aventuranças e pergunte a si mesmo como alguém poderia acusar de ser uma muleta uma religião que pede que se baseie a vida nos ideais a seguir:

> Ao ver as multidões, Jesus subiu à montanha. Sentou-se, e seus discípulos aproximaram-se dele. E, tomando a palavra, ele os ensinava:
> "Felizes os pobres de coração: deles é o Reino dos céus.
> Felizes os mansos: seu quinhão será a terra.
> Felizes os que choram: eles serão consolados.
> Felizes os que têm fome e sede da justiça: eles serão saciados.
> Felizes os misericordiosos: eles alcançarão misericórdia.
> Felizes os corações puros: eles verão a Deus.
> Felizes os que agem em prol da paz: eles serão chamados filhos de Deus.
> Felizes os perseguidos por causa da justiça: deles é o Reino dos céus.
> Felizes sois vós quando vos insultam, vos perseguem e mentindo dizem contra vós toda a espécie de mal por minha causa. Alegrai-vos e regozijai-vos, porque grande é a vossa recompensa nos céus: foi assim, com efeito, que perseguiram os profetas que vos precederam" (5,1-12).

O Evangelho de Jesus pede que se adote um modo de vida que lhe acarretará consideráveis inconvenientes, para dizer o mínimo. E os críticos chamam isso de muleta? Não é uma muleta que os críticos vêem, é uma cruz, e uma cruz é algo para carregar, um fardo, não um meio de apoio para os de joelho fraco.

De onde vem a acusação de que a religião não passa de uma muleta para os que são fracos demais para encarar a vida diretamente? Como observamos antes, é bem possível usar a religião como uma muleta num sentido negativo. Muitas pessoas utilizam a religião como uma desculpa para evitar assumir riscos, em vez de deixá-la realizar o seu verdadeiro trabalho, que é fazer de nós pessoas dispostas a correr riscos, em grande escala. Lembremos algumas palavras conhecidas de são Paulo:

> Comportai-vos entre vós assim, como se faz em Jesus Cristo: ele, que é de condição divina, não considerou como presa a agarrar o ser igual a Deus. Mas despojou-se, tomando a condição de servo, tornando-se semelhante aos homens, e por seu aspecto, reconhecido como homem; ele se rebaixou, tornando-se obediente até a morte, e morte numa cruz. Foi por isso que Deus o exaltou soberanamente e lhe conferiu o Nome que está cima de todo nome, a fim de que ao nome de Jesus todo joelho se dobre, nos céus, na terra e debaixo da terra, e toda língua confesse que Jesus Cristo é o Senhor, para a glória de Deus Pai.
>
> Assim, meus bem-amados, vós que sempre fostes obedientes, sede-o não somente na minha presença, porém muito mais agora na minha ausência; com temor e tremor continueis a trabalhar para a vossa salvação, pois é Deus quem realiza em vós o querer e o fazer segundo o seu desígnio benevolente (Fl 2,5-13).

Poderíamos dizer que esse é o resumo da teologia de fé de são Paulo. Para Paulo, fé significa viver uma "imitação de Cristo", ou seja, ser no mundo do modo como Cristo foi no mundo, ter o comportamento de Cristo no mundo aqui e agora. As palavras-chave na passagem de Filipenses são "despojou-se", "rebaixou-se" e "obediente". Com efeito, Paulo diz a seus leitores que a fé significa "despojar-se" em serviço de Deus e dos outros, "rebaixar-se" num mundo que admira a autoglorificação e "obedecer" à vontade de Deus para si.

Isso faz parecer que a fé seja uma muleta? Pouco provável. Embora algumas pessoas possam usar a fé, de maneira inadequada, como uma muleta, uma fé que é verdadeiramente uma muleta não é verdadeiramente uma fé, mas uma distorção de fé que acaba sendo a sua própria deficiência. Quando a fé se torna uma muleta, ela claudica e restringe em vez de curar e libertar, como deveria fazer. Quando a fé se torna uma muleta, ela atrasa a pessoa e a mantém espiritualmente infantil; quando a fé é autêntica, ela nutre a vida espiritual adulta.

Um dos maiores clássicos espirituais de todos os tempos é um livro que tem a fama de ser o mais lido do mundo, depois da Bíblia. *Imitação de Cristo* foi escrito por Tomás de Kempis, um autor do início do século XV que viveu na Holanda e pertenceu à Irmandade da Vida Comum, um grupo que promovia uma vida devocional profunda entre os cristãos. Em *Imitação de Cristo*, no capítulo 23 ("De quatro coisas que proporcionam grande paz"), você encontrará as palavras a seguir, e o autor faz com que Jesus as fale para o leitor. Repare como a passagem ecoa claramente a Escritura:

> Procura... fazer antes a vontade de outrem que a tua [ver Mt 26,39]. Escolhe sempre ter menos do que mais [ver Mt 10,10]. Busca antes o último lugar [ver Lc 14,10] e sujeita-te a todos. Deseja e pede, sem cessar, que se cumpra, plenamente, em ti a vontade de Deus [ver Mt 6,10][1].

Precisamos ter cuidado para não interpretar equivocadamente as palavras da *Imitação* referentes a buscar o último lugar e sujeitar-se a todos, claro. A fé não é uma muleta, mas a fé autêntica também não transforma as pessoas em capachos para outros passarem por cima, tudo em prol de uma recompensa celestial. A fé jamais é o "ópio das massas" de Karl Marx. Longe disso. Quando a *Imitação* aconselha o leitor a buscar o último lugar e sujeitar-se, ela está falando, na verdade, de firmeza espiritual. Uma verdadeira humildade é necessária para assumir grandes riscos em nome da verdade e da justiça; isso exige alguém que de fato se sujeite ao Evangelho, alguém que esteja disposto a sofrer as conseqüências de defender o que é certo.

---

1. Tomás de KEMPIS. *Imitação de Cristo*, trad. Pe. José Maria Cabral, São Paulo, Paulinas, 1988, 255-256.

A citação acima de *Imitação de Cristo* é uma descrição resumida de como é a fé autêntica, de como a fé autêntica se comporta. Essas palavras parecem a descrição de uma muleta? Ao contrário, se essas palavras sobre a fé forem precisas, elas descrevem uma vida de luta constante contra o autocentrismo — de uma existência rebeldemente contracultural num mundo que incentiva o autocentrismo a cada instante. A fé que *Imitação de Cristo* pressupõe não é nenhuma muleta.

Esta é a fé de *Imitação de Cristo*:

> Vaidade, pois, buscar riquezas perecedouras e nelas pôr sua confiança [ver Ecl 5,9]. Vaidade também desejar honras e comprazer-se na elevação... Vaidade aspirar a longa vida, sem cuidar de que seja boa. Vaidade atender somente à vida presente, sem prever as coisas futuras. Vaidade amar o que tão depressa passa e não buscar, pressuroso, a felicidade que sempre dura. Lembra-te amiúde do provérbio: *Os olhos não se fartam de ver, nem os ouvidos de ouvir* [Ecl 1,8].[2]

A fé, para *Imitação de Cristo*, não é muleta, mas uma fonte de crescimento na direção da plena maturidade humana. Apenas um adulto é capaz de seguir as palavras citadas aqui. Apenas alguém espiritualmente adulto pode ler essas palavras e concordar que vale a pena segui-las como um ideal. A questão não é que se deve ser capaz de cumprir esses ideais perfeitamente. Poucos podem fazer isso. A questão é que, se você pode ler essas palavras e levá-las a sério como ideais que merecem ser buscados ao longo da vida, então você sabe o que é a fé autêntica e sabe que a fé não é mera muleta.

Dá para perceber, lendo essas palavras da *Imitação*, como elas são profundamente contraculturais? Dá para ver o enorme conflito entre essas palavras e os ideais que a cultura dominante tem como mais caros? É muito evidente. Tudo o que se precisa fazer é pegar a última edição de uma revista de famosos numa banca de jornais e dar uma folheada em suas páginas para notar que as pessoas que a cultura dominante admira não são pessoas que acreditam que "é vaidade buscar riquezas perecedouras e nelas pôr sua confiança". Não são pessoas que acreditam que "é vaidade desejar honras e comprazer-se na elevação".

2. Ibid., 12-13.

Exatamente o contrário! A fé cristã autêntica não é uma muleta para os fracos, mas um modo de ser num mundo que, se for levado a sério, poderá fazer de você uma pessoa com pouco interesse pelo absurdo que preenche o coração e a mente da cultura popular dominante. A fé o transforma numa pessoa que se preocupa pouco com aparências e menos ainda com o que está na moda. A fé o transforma numa pessoa que valoriza, acima de todas as coisas, uma relação calorosa e viva com Deus e com as outras pessoas neste mundo. A fé não é uma muleta; ela é uma fonte misteriosa e contínua de vida em sua plenitude.

Como um aparte, poderíamos dizer que a fé não é uma muleta, ela é uma *embreagem**. Esta é uma definição para *embreagem*: "Dispositivo usado para engatar e desengatar duas partes de um motor ou de um motor e um mecanismo propulsor". Como metáfora para a fé, "embreagem" não é ruim. Se a fé é uma embreagem, sua função é nos engatar a Deus e nos desengatar de qualquer coisa que se interponha entre nós e Deus.

Um dos pontos mais notáveis com relação à fé autêntica é o quanto ela está distante de ser uma muleta. Em vez de ser algo em que se apoiar, a fé leva a pessoa a andar com os próprios pés e a sair a cada dia para encarar o mundo — não nos termos do mundo, porém, mas nos termos de Cristo. Se existe algo que caracteriza uma fé que se torna uma muleta é a sua tendência a ser uma fonte de simulação. Bem faremos se atentarmos para as palavras do autor anônimo do clássico espiritual do século XIV *A nuvem do desconhecido*. O que ele diz sobre a oração contemplativa poderia ser facilmente aplicado à fé em geral:

> O comportamento espiritual e físico daqueles envolvidos em qualquer tipo de pseudocontemplação tende a parecer muito excêntrico, enquanto os amigos de Deus sempre se portam com uma graça discreta. Qualquer um que reparasse nessas pessoas iludidas em oração poderia ver coisas bastantes estranhas! Se seus olhos estiverem abertos, é bem provável que elas estejam com um olhar parado como o de um louco ou perscrutando como quem viu o demônio, e bem pode-

* No original, o autor faz uma brincadeira com as palavras *crutch* (muleta) e *clutch* (embreagem). (N.T.)

> riam ter visto, pois ele não está longe. Às vezes, seus olhos parecem os olhos de uma ovelha ferida perto da morte. Alguns deixam a cabeça pender para um dos lados, como se houvesse um verme em seus ouvidos... São, geralmente, hipócritas[3].

Quando a fé se torna uma muleta — o que acontecerá se não estivermos atentos —, ela passa a ser uma fonte de simulação espiritual e de hipocrisia religiosa. Em vez de ser uma fonte de cura e libertação contínuas, ela se transforma meramente em algo para servir de apoio, algo para ajudar a atravessar a noite. A fé é cheia de paciência, coragem e tenacidade e induz ao pulo no escuro. A fé não é desculpa para nada.

Às vezes, até mesmo histórias simples de fé poderão ser altamente instrutivas se quisermos um entendimento melhor do que é e do que não é a fé. Tomemos, por exemplo, a famosa história de são Francisco de Assis e do lobo de Gubbio. Essa história é contada no clássico do século XIV *I Fioretti de São Francisco de Assis*[4]. Contos bastante fantasiosos com tênues vínculos históricos, se tanto, essas histórias com freqüência deliciosas nos ensinam, assim mesmo, valiosas lições sobre a natureza da fé autêntica e como reconhecê-la.

No relato do encontro entre são Francisco e o lobo voraz, o narrador conta que o lobo "não somente devorava os animais como os homens, de modo que todos os citadinos estavam tomados de grande medo, porque freqüentes vezes ele se aproximava da cidade; e todos andavam armados quando saíam da terra, como se fossem para um combate"[5].

São Francisco por acaso se encontrava em Gubbio na ocasião em que o medo do lobo estava no ápice:

> Pelo que S. Francisco, tendo compaixão dos homens do lugar, quis sair ao encontro do lobo, se bem que os citadinos de todo não o aconselhassem: e fazendo o sinal da santa cruz, saiu da cidade com os seus companheiros, pondo toda a sua confiança em Deus. E temendo

---

3. *The cloud of unknowing*, ed. e introd. William Johnston, New York, Doubleday Image Books, 1973, 115-16.

4. *I Fioretti de São Francisco de Assis*, trad. Durval de Morais, Petrópolis, Vozes, 1985.

5. Ibid., 59.

os outros ir mais longe, S. Francisco tomou o caminho que levava ao lugar onde estava o lobo."[6]

E lá vai Francisco, destemido, encontrar-se com o terrível lobo, com muitas pessoas assistindo de trás dos muros da cidade para ver o que acontecerá. O lobo aparece de imediato, mostrando os dentes e avançando para Francisco e seus companheiros. Mas a única arma que Francisco tem para se defender é "o sinal-da-cruz".

> E chegando-se a ele S. Francisco fez o sinal-da-cruz e o chamou a si, e disse-lhe assim: "Vem cá, irmão lobo, ordeno-te da parte de Cristo que não faças mal nem a mim nem a ninguém". Coisa admirável! Imediatamente após S. Francisco ter feito a cruz, o lobo terrível fechou a boca e cessou de correr; e, dada a ordem, vem mansamente como um cordeiro e se lança aos pés de S. Francisco como morto[7].

Francisco, então, faz uma breve homilia para o lobo, admoestando mansamente o animal, dizendo-lhe que por todas as mortes que causou e pelo terror que inspirou ele próprio merece morrer, "como ladrão e homicida péssimo"[8]. As pessoas têm todo o direito de odiar o lobo, reconhece Francisco. Mesmo assim, Francisco diz ao lobo, ele quer que o lobo e as pessoas façam as pazes entre si.

O lobo, por movimentos da cabeça e da cauda, mostra a são Francisco que ele promete viver em paz e que está pronto para retornar com Francisco a Gubbio a fim de se apresentar às pessoas num espírito de perdão e reconciliação. De volta à praça da cidade, Francisco faz um sermão:

> E estando bem reunido todo o povo, S. Francisco se pôs em pé e pregou-lhe dizendo, entre outras coisas, como pelos pecados Deus permite tais pestilências; e que muito mais perigosa é a chama do inferno, a qual tem de durar eternamente para os danados, do que a raiva do lobo, o qual só pode matar o corpo; quanto mais é de temer

---

6. Ibid., 59-60.
7. Ibid., 60.
8. Ibid., 60.

a boca do inferno, quando uma tal multidão tem medo e terror da boca de um pequeno animal! Voltai, pois, caríssimos, a Deus, e fazei digna penitência dos vossos pecados, e Deus vos livrará do lobo no tempo presente, e no futuro do fogo infernal. E acabada a prédica, disse S. Francisco: "Ouvi, irmãos meus; o irmão lobo, que está aqui diante de vós, prometeu-me e prestou-me juramento de fazer as pazes convosco e de não vos ofender mais em coisa alguma, se lhe prometerdes de dar-lhes cada dia o alimento necessário; e eu sirvo de fiador dele de que firmemente observará o pacto de paz". Então todo o povo a uma voz prometeu nutri-lo continuadamente. E S. Francisco diante de todos disse ao lobo: "E tu, irmão lobo, prometes observar com estes o pacto de paz, e que não ofenderás nem aos homens nem aos animais nem a criatura nenhuma?" E o lobo ajoelha-se e inclina a cabeça, e com movimentos mansos de corpo e de cauda e de orelha demonstra, quanto possível, querer observar todo o pacto[9].

O lobo, então, passa o resto de sua vida vivendo pacificamente em Gubbio, onde nem os cachorros latem atrás dele. Por fim, fica velho e morre, e o povo de Gubbio sente grande pesar, como sentiria por um amigo querido, pois o lobo sempre lembrou-os de são Francisco e de sua visita miraculosa àquela cidade.

Repare que, nessa história, a fé de são Francisco não é de forma alguma uma muleta para apoiá-lo em sua fraqueza. A fé é, antes, fonte de ousadia e coragem diante do perigo. Francisco diz ao povo de Gubbio, na verdade, que a razão de eles terem sido dominados pelo medo é a sua falta de fé.

Uma das razões para a história de são Francisco e do lobo de Gubbio ter se mantido tão popular durante tantos séculos é o fato de ela ser uma metáfora tão clara para o que a maioria das pessoas experimenta como a luta central da fé. O lobo é uma metáfora para tudo que ameaça a fé: todos os medos, ansiedades e dúvidas que assaltam o fiel e tentam atraí-lo para que abandone a sua fé e se apóie em outras formas de segurança mais tangíveis, porém, na realidade, menos confiáveis. São Francisco,

9. Ibid., 61.

claro, é uma metáfora para a fé autêntica, uma fé que olha o perigo de frente e doma-o pela confiança em Deus.

Na história, e na experiência de incontáveis cristãos ao longo dos séculos, a fé autêntica doma nossos medos e ansiedades, tornando-os inofensivos. Assim, a fé não funciona como uma muleta, mas como uma fonte de coragem, humildade, paciência e confiança. A fé não os faz fugir dos seus medos, da mesma forma como não fez são Francisco fugir do lobo. Em vez disso, a fé os leva a enfrentar os seus medos e ansiedades e a domá-los, assim como Francisco domou o lobo feroz de Gubbio.

Em seu sermão, Francisco diz aos cidadãos de Gubbio que, se eles tivessem confiado em sua fé em vez de apoiar-se em armas de vários tipos, também eles poderiam ter domado o lobo. E não apenas isso. Ele explica ainda que o lobo — ou seja, seus medos e ansiedades — permanecerá entre eles e que, como parte do trato, eles devem tratá-lo com amizade. O lobo permanece inofensivo desde que as pessoas cuidem bem dele.

Em outras palavras, a fé não faz com que nossos medos e ansiedades vão embora. Ela reconhece a presença do medo e da ansiedade. De fato, a fé demonstra até mesmo cuidado e respeito para com o medo e a ansiedade e permite que eles vivam e sigam seu caminho. Mas a fé torna o medo e a ansiedade inofensivos; ela os doma, precisamente por reconhecer a sua presença. Pois *a fé só pode ser fiel a si mesma porque o medo e a ansiedade existem*. A fé precisa do medo e da ansiedade, caso contrário não há razão para que ela exista. Assim como as trevas e a luz precisam uma da outra para existir, também a fé e o medo precisam um do outro para ser o que cada um deles é.

7

A fé não é a solução para todos os problemas

Consideremos as seguintes palavras de são Paulo:

Se, com a tua boca, confessas que Jesus é Senhor e se, em teu coração, crês que Deus o ressuscitou dos mortos, serás salvo. Com efeito, crer no próprio coração conduz à justiça, e confessar com a própria boca conduz à salvação (Rm 10,9-10).

Muitas pessoas sinceras acreditam que podem resolver os problemas da vida por meio de uma confissão verbal sincera de fé em Cristo. Ah, se o mistério da salvação fosse tão simples! Mas a experiência humana real nos diz que não é bem assim. É fácil deixar de perceber o tempo futuro nas palavras de são Paulo. Ele diz "*serás* salvo", e suas outras palavras-chave são "crer" e "confessar", que são verbos ativos, e não em tempo passado. O entendimento que são Paulo tem da salvação é de um *processo* para a vida inteira, não de um evento realizado de uma vez por todas num momento. Se você "confessar com a tua boca" e "crer no coração" *dia após dia, mês após mês, ano após ano*, por fim você "*será*" salvo.

A salvação, na teologia de Paulo, nunca é de uma vez por todas. A salvação, como o reino de Deus, é "já mas não ainda". A salvação está em ação em nós, mas nunca é plenamente realizada no tempo e no espaço, neste mundo. Ninguém pode dizer "Estou salvo". O máximo que se pode dizer é "Estou sendo salvo". Tenhamos em mente, também, que *salvação* é uma palavra fácil de se entender errado. Salvação não se refere apenas ao que nos acontece depois de morrermos. Em vez disso, a salvação poderia ser mais bem traduzida como "cura e libertação espirituais", um processo que começa, e que experimentamos, aqui e agora, nesta vida. A salvação — cura e libertação espirituais — começa aqui e agora, mas é plenamente completada apenas no outro lado da morte poeirenta.

Tudo isso significa que nunca podemos compreender a fé como a solução para todos os nossos problemas e dificuldades. Em vez disso, a fé se torna a fonte em que bebemos enquanto lidamos com nossos problemas e dificuldades. A fé não faz com que os problemas e dificuldades desapareçam; ela nos ajuda a ter paciência, coragem, força e persistência para enfrentar nossos problemas e dificuldades e superá-los. A fé ajuda a ver que a cruz — qualquer que seja a forma que ela assuma em sua vida —, longe de ser sem sentido, é a sua cota no mistério da salvação, não só para você, mas para todos aquele que você ama e, em última instância, para o mundo inteiro.

Os cidadãos das chamadas nações ocidentais "desenvolvidas" tendem a ter uma atitude marcante em relação não só à dor física, mas a dificuldades, preocupações, ansiedade, angústia, tensão — qualquer coisa desagradável que se puder imaginar. A cultura dominante nos incentiva a fazer o que for necessário para afastar a ansiedade, as preocupações ou a tensão. Está com dor de cabeça, azia, dor muscular, dor de estômago, olhos cansados? As prateleiras do supermercado ou da farmácia gemem sob sua carga de remédios — comprimidos, xaropes, pomadas —, todos portadores da promessa da volta a uma vida livre de desconfortos. Engula aquele comprimido, beba aquele xarope, esfregue aquela pomada em sua pele e será tomado pelo alívio.

O problema é que tendemos a transferir essa atitude para nossa espiritualidade, e é aí que escorregamos para a idéia da fé como um remédio para os problemas e infortúnios que a aspirina e o antiácido não conseguem resolver. As pessoas que pensam na fé como a solução definitiva para todas as dificuldades não estão entendendo. Os problemas e infortúnios da vida nos levam a uma colisão com a natureza misteriosa da vida. O que a fé faz é intensificar o mistério, ou tornar-nos mais sensíveis ao mistério, em vez de deixar tudo claro. Santa Teresa d'Ávila, a mística carmelita espanhola do século XVI, era uma mulher muito prática. Ela é famosa por seu comentário a Deus — em meio a seus esforços para reformar a ordem carmelita e a resistência que encontrava de muitos lados — de que, se é assim que Deus trata os amigos, não é surpresa que os tenha tão poucos.

Em outras palavras, é provável que a fé aumente seus problemas em vez de reduzi-los. A fé é uma luz que tende a levá-lo em direções em que, de outra forma, você não seguiria. Às vezes, essas direções vão por caminhos que podem ser qualquer coisa menos planos e fáceis. A fé tende a levá-lo em direções que aumentam sua insegurança em vez de diminuí-la. Vejamos alguns dos exemplos mais evidentes de como a fé funciona, exemplos como os santos. A fé heróica leva uma pessoa a uma vida de alto risco, uma vida em que problemas e infortúnios são comuns na vida cotidiana. Tomemos alguém de nosso próprio tempo, Dorothy Day (1897-1980), co-fundadora do Movimento Operário Católico, que se dedica à justiça social, ao serviço pelos pobres e ao pacifismo. Entusiasmada com o comunismo no início do século, Day foi presa durante uma manifestação pelo voto das mulheres em 1917, e foi uma pacifista ardorosa por ocasião da Primeira Guerra Mundial. No decorrer dos anos, fez um aborto e, mais tarde, passou a viver com um homem e teve uma filha com ele. Gradualmente, foi se sentindo atraída pela Igreja católica e, em 1927, depois de se tornar católica e batizar sua filha, deixou o homem com quem vinha vivendo. Em 1932, conheceu Peter Maurin, um homem mais velho cujos ideais católicos de justiça social a entusiasmaram e, juntos, eles começaram a publicar um pequeno jornal, *The Catholic Worker*, que vendiam a um *penny* cada exemplar.

Com Peter Maurin, seu amigo idealista e mentor, Dorothy Day fundou a primeira casa de hospitalidade operária católica em 1935, dedicada a ajudar os necessitados — uma missão que prosseguiu até sua morte, em 1980, e continua a ser levada adiante em casas de hospitalidade operárias católicas em várias cidades dos Estados Unidos.

A fé de Dorothy Day levou-a a usar roupas de segunda mão por boa parte de sua vida adulta, a viver com os pobres e os desagradáveis, a comer refeições preparadas com a mais surpreendente variedade de ingredientes misturados numa panela e chamados de "sopa". Esta é uma das formas como Dorothy Day descreveu sua vida em sua autobiografia, *The long loneliness*:

> Enquanto escrevo isto, há menos de cem dólares no banco, a fila de homens se estende até a esquina e nossas casas aqui e em Maryfarm e a fazenda de Peter Maurin alojam setenta e cinco pessoas ou mais. Como podemos prosseguir? Continuamos com a certeza de sempre de que Deus pode multiplicar os pães, já que Ele abrigou os necessitados nestes muitos anos[1].

Claro que a maioria de nós não recebe o chamado de uma vida como a que Dorothy Day viveu. Mas o ponto é que a fé autêntica nunca é puramente uma fonte constante de conforto e consolo, uma solução para todos os problemas e ansiedades que aparecerem. Sim, a fé pode e deve ser uma fonte de consolo. Mas a fé autêntica é também fonte de outras coisas. Às vezes, a fé autêntica é uma dor de cabeça. Adaptando a famosa frase de Dostoiévsky sobre o amor em *Irmãos Karamazov*: A fé ativa pode ser, na realidade, cruel e medonha se comparada à fé dos sonhos.

De certa forma, a inclinação a pensar na fé como uma solução para os problemas e preocupações coloca-nos no centro de um debate que remonta ao século XVI e à Reforma protestante. Um dos pontos principais da discórdia entre os reformadores protestantes e a Igreja católica era se a fé requeria ou não boas obras. O Concílio de Trento (1545-1563) — a resposta do catolicismo à Reforma protestante — entendeu a posição protestante de defender uma fé desligada de boas obras. A resposta do Concílio de Trento enfatizou que uma fé que apenas confia

---

1. Dorothy DAY, *The long loneliness*. San Francisco, HarperSanFrancisco, 1952, 284.

em Deus é uma fé incompleta. A fé "também requer nossas boas obras e a adesão de nossa mente a Deus pela fé nas doutrinas a nós propostas na Escritura e na tradição da Igreja"[2].

Em vez de ser uma solução para todos os problemas, a fé tende a aumentar os seus problemas! Sim, a fé o ajuda a focalizar os aspectos essenciais da vida e a desconsiderar os aspectos não-essenciais e, nesse sentido, ela torna mais leves os fardos da vida. Porém, ao mesmo tempo, uma vida enraizada na fé autêntica é uma vida familiarizada com a insegurança, uma vida vivida constantemente no precipício, pairando sobre o vazio, caracterizada tanto pela certeza como pela incerteza. Não há vida humana completamente destituída de problemas e dificuldades, controvérsias e dores — e uma vida baseada na fé autêntica terá mais disso do que a maioria, porque é uma vida baseada em confiança num Deus invisível que é amor, sem dúvida, mas cujos desígnios são imprevisíveis.

Uma das armadilhas de apoiar-se excessivamente em ensinamentos oficiais da Igreja é que isso contorna a imprevisibilidade e a transcendência absoluta de Deus. O resultado é que não há mais, com efeito, nenhuma incerteza, não há mais nenhuma dúvida. Se você quer saber exatamente o que Deus quer, qual é a vontade de Deus, basta estar atento às doutrinas oficiais e aos ensinamentos da Igreja e obedecê-los à risca. Desta forma, você encontrará o abençoado alívio das dúvidas e perguntas mais importantes que possa ter.

O único problema dessa espécie de fé-como-solução-de-todas-as-dificuldades é que ela depende da pressuposição de que os ensinamentos da Igreja portam automaticamente a infalibilidade, o que significa que o ensinamento se torna absoluto. A doutrina católica diz que o papa ensina infalivelmente apenas sob circunstâncias muito limitadas; na verdade, essa doutrina foi invocada uma única vez desde que foi definida em 1870, para declarar infalível a doutrina da Assunção da Santíssima Virgem Maria ao céu em corpo e alma.

---

2. Mary Ann FATULA, OP, Faith, in Michael DOWNEY (org.), *The New Dictionary of Catholic Spirituality*, Collegeville, MN, The Liturgical Press, 1993, 381.

Infelizmente, a doutrina da infalibilidade levou ao que alguns chamaram de "infalibilidade infiltrante", a impressão de que praticamente qualquer coisa que o papa diz se torna infalível. Este é um problema, porque Deus é o único absoluto e nenhuma conceitualização humana de Deus ou da idéia de Deus em relação a uma determinada questão ou tópico pode entregar esse mistério a nós num pacote amarrado com um belo laço. Todos os ensinamentos da Igreja apresentam uma declaração incompleta e parcial de alguma verdade. Nenhum conceito ou idéia humano pode portar toda a verdade. Portanto, embora a fé aceite e respeite um dado ensinamento da Igreja, a fé autêntica entende também que sempre há mais para ser dito, mais da verdade para "desembrulhar" a partir da experiência humana do divino. Por isso, sempre haverá perguntas e sempre haverá dúvidas — e isso é normal.

Tomar um dado ensinamento da Igreja como uma declaração completa e adequada da idéia de Deus sobre uma determinada questão ou tópico é chegar perigosamente perto daquela antiga inclinação humana: a veneração de ídolos. Vista-se um falso deus em indumentárias sagradas e, em boa parte do tempo, recorreremos a ele num piscar de olhos. A fé autêntica, porém, a fé que os espiritualmente adultos procuram cultivar, inclui uma dose saudável de iconoclasmo, a prontidão para destruir qualquer objeto ou idéia finita que se apresente como um absoluto. A fé autêntica procura corajosamente relacionar-se apenas a Deus como Deus, é cautelosa com qualquer coisa finita, qualquer coisa limitada, qualquer coisa que a mente humana possa captar e que possa tomar o lugar do verdadeiro Deus. Os ensinamentos oficiais da Igreja têm muito valor, claro, e são necessários, mas precisamos nos precaver contra qualquer tendência de que esses ensinamentos se tornem centrados na Igreja, e não em Cristo.

Quando alguém diz em uma determinada situação ou conjunto de circunstâncias que sabe exatamente o que Deus quer ou exatamente o que Deus pensa ou exatamente qual é a vontade de Deus, uma fé autêntica ergue bandeiras vermelhas por toda parte. A fé autêntica insiste em viver com perguntas, insiste em viver com dúvidas, insiste em viver com incerteza. Portanto, qualquer fé que ofereça respostas para todas as perguntas, soluções para todos os problemas, uma existência livre de dúvidas e completa certeza sobre tudo o que mais importa na vida é totalmente falsa, um ídolo, um falso deus e dificilmente uma fé.

Também é verdade que a fé autêntica está longe de ser antinomista — postada firmemente contra regras, leis e regulamentações. A fé não tem nada a ver com a anarquia que resulta quando não há regras, não há leis, não há orientações oficiais. No que se refere à fé, ética e moralidade — por exemplo — não podem ser separadas da dimensão pessoal subjetiva. A teologia moral católica tradicional sempre ensinou que o indivíduo deve, em última instância, seguir a sua consciência bem formada e, obviamente, devemos incluir as doutrinas cristãs e os ensinamentos da Igreja na formação de nossa consciência. O que exatamente isso significa? Uma vez mais, vemo-nos diante da existência de diferentes interpretações liberais e conservadoras dessa idéia na Igreja de hoje. Os católicos conservadores tendem a dizer que não há praticamente nenhuma diferença entre uma consciência bem formada e os ensinamentos da Igreja oficial. Os católicos liberais aceitam a possibilidade de que uma consciência exija discordância dos ensinamentos oficiais com base em contribuições de outras fontes, entre elas escritos de teólogos e outros estudiosos.

O entendimento da revelação divina pelo catolicismo é um bom exemplo de como ele é tolerante. Não limitamos a revelação às Escrituras; acreditamos que a revelação acontece na conjunção entre Escritura e Tradição Sagrada, a qual tem como uma de suas expressões as doutrinas e os ensinamentos oficiais da Igreja.

A fé, para o catolicismo, não é solução para todos os problemas. Mas a fé também não o deixa inteiramente sozinho num mundo frio e indiferente. A fé não é jamais algo privado e individual. A fé não o isola. A fé, por ser exatamente o que é, situa-o no meio de uma *comunidade* de fé, para que todos possam se beneficiar da sabedoria coletiva da comunidade de fé, a Igreja. Encontramos uma expressão dessa sabedoria coletiva nas doutrinas e, sim, nas leis, nas regras e nos regulamentos da Igreja.

A fé autêntica nem obedece cegamente a essas leis e regras — a posição ultraconservadora — nem as ignora como completamente irrelevantes — a posição ultraliberal. A fé percebe nas leis e outros instrumentos leais da Igreja, assim como em suas prescrições e orientações morais e éticas, a sabedoria de dois mil anos de experiência cristã bem formada e guiada pelo Espírito Santo. Assim, num dado conjunto de circunstâncias, essas circunstâncias também entram na equação. As condições e circunstâncias únicas da vida de indivíduos específicos são importantes, e o Espírito Santo está envolvido também nessas condições e circunstâncias.

A verdade é que o sistema oficial de leis da Igreja — chamado de "direito canônico" — visa a libertar, não a restringir. Tomemos, por exemplo, a questão básica de quem é católico e quem não é. Às vezes, católicos muito observantes de sua religião mostram-se inclinados a dizer que, se você nunca vai à missa, então você não é católico. O Código de Direito Canônico é muito mais liberal e condescendente. Ele diz que qualquer pessoa que seja batizada como católica permanece católica a menos que renuncie formalmente à fé cristã[3]. Mais minimalista do que isso, impossível!

A fé não oferece soluções garantidas para todos os problemas e questões, nem mesmo nas leis e regras da Igreja. Mas ela proporciona um poço profundo de onde se pode tirar discernimento e orientação, uma luz para o que, de outra forma, poderia ser uma peregrinação muito mais escura e muito mais confusa pela vida.

Outro modo pelo qual as pessoas às vezes pensam na fé como uma solução para problemas é no contexto de suas relações pessoais com os outros, sejam membros da família, amigos ou outras pessoas com quem a interação freqüentemente leva a conflito. Um dos melhores exemplos disto é o caso de pais cujos filhos adultos resolvem distanciar-se da fé católica. Às vezes esses pais se perguntam por que a sua fé não os ajuda a trazer seus filhos de volta para a Igreja.

Essa é, sem dúvida, uma situação que resulta em considerável angústia e tristeza. Pais para quem a fé católica é central, que não poderiam se imaginar vivendo em outra condição que não a de católicos, naturalmente sentem uma dor e uma decepção profundas quando um ou mais de seus filhos adultos abandonam a fé. Alguns se casam fora da Igreja; outros casam com alguém que pertence a uma Igreja protestante ou a uma religião não-cristã. Outros ainda levam uma vida de indiferen-

3. Ver Cânon 751: "... a apostasia é o repúdio total da fé cristã...".

ça religiosa. Escolhas como essas são, sem dúvida, motivo de muita angústia para os pais: "Por que Deus não traz meu filho adulto de volta à Igreja?"

Essa pergunta pressupõe que a fé deva ser uma solução para um problema, uma forma de se livrar de um motivo de dor e angústia. Mas isso é equivocar-se quanto à natureza da fé. Não é da natureza da fé autêntica resolver nossos problemas pessoais. Seria mais correto dizer que a fé deve nos ajudar a conviver com nossos problemas, a conviver com nossa angústia e nossa tristeza, e a continuar rezando por nossos filhos adultos sem jamais perder a esperança, o que quer que aconteça.

Se a nossa fé depende de Deus trazer um filho ou filha adultos de volta para a Igreja e para a prática da fé católica, isso não é fé; é uma forma de controlar os outros e obrigá-los a fazer o que queremos. Esse é, na verdade, um tipo infantil de fé, que depende de Deus fazer ou não o que queremos que ele faça. Mas Deus não trabalha assim. Deus respeita o livre-arbítrio de nossos filhos e, se eles escolhem uma direção na vida que os leva para longe da Igreja, ele permite que o façam. Deus deixa nossos filhos adultos livres e nós precisamos fazer o mesmo, sem deixar de orar por eles, porque é isso que a fé autêntica faz: ela ora pelos outros sem insistir em resultados específicos. A verdadeira fé deixa livres os filhos adultos que se afastam da Igreja, ao mesmo tempo em que se mantém sempre pronta para acolhê-los de volta se e quando eles quiserem voltar.

Quer dizer, então, que não adianta rezar por filhos adultos desgarrados? Pelo contrário. A oração gera frutos na vida daqueles por quem rezamos, mas nem sempre da forma específica que temos em mente. A fé real ora pelos outros, mas deixa os aspectos específicos para o mistério da vontade de Deus. Sim, é motivo de verdadeira tristeza ver nossos filhos adultos abandonarem a fé em que foram criados. Mas a fé não se destina a ser uma solução para esse problema. A fé reza em termos não-específicos — por exemplo, que seja feita a vontade de Deus para a(s) pessoa(s) por quem oramos — e deixa o resto para o mistério do amor de Deus por essa(s) pessoa(s). Podemos rezar e ficar sem uma resposta aparente de Deus, mas a fé continua a rezar assim mesmo.

A fé autêntica reflete e expressa o profundo mistério que é a nossa relação com Deus, e a fé deixa o mistério intacto. A fé não estala os dedos diante do mistério e faz com que ele desapareça. Em vez disso, a fé autêntica intensifica o mistério de forma que, paradoxalmente, tomamos consciência de que a vida só tem sentido no contexto desse mistério. Vemos apenas através do invisível. Compreendemos por que temos fé, enquanto a fé-como-solução-dos-problemas acredita apenas na extensão do que pode compreender, e o resultado natural disso é a desesperança.

A fé autêntica vive com a constante constatação de que a oração cristã autêntica não funciona como mágica. Como vimos num capítulo anterior, em seu sentido técnico "mágica" significa fazer algo acontecer pela recitação das palavras corretas e/ou pela execução das ações corretas com os objetos corretos. A mágica dá ao ser humano controle absoluto sobre as forças sobre-humanas. Mas a oração cristã não é mágica. Ela é comunhão com o Deus que é Amor, e deixa todas as coisas nas boas mãos de Deus, quaisquer que sejam os resultados ou a falta de resultados aparentes.

A oração da fé autêntica é, em última instância, uma oração de confiança total em Deus, o que quer que aconteça, e quer os problemas permaneçam ou sejam solucionados. Num livro publicado em 1941, a autora católica inglesa Caryll Houselander (1901-1954) contou uma história que ilustra esse ponto:

> Recentemente, aprendi algo que me fez compreender como nunca antes a beleza do hábito da oração. Um judeu me dizia que gostaria tanto naqueles dias [durante a Segunda Guerra Mundial] de ter fé; ele estava construindo uma parede de sacos de areia e eu, tolamente, deixei cair meu crucifixo nela; ele insistiu em desfazer sua parede para pegá-lo de volta para mim. Era um estranho e eu não o conhecia; ele ficou segurando o meu crucifixo, fitando-o com uma expressão pensativa e intrigada.
>
> "Claro", disse ele, "eu sou um judeu, minha mãe era uma boa judia e eu nunca aprendi nada sobre Cristo, e não nos interessamos por isso, mas eu aprendi a dizer minhas orações de dia e de noite e gostaria de ter mantido isso".
>
> "O que você dizia?", perguntei.

"Bem, a da manhã era longa, mas a da noite era curta; todos nós, crianças judias, a dizíamos antes de adormecer."
"Qual era ela?"
"Bom, moça, ela era assim: 'Pai, em Tuas mãos eu entrego o meu espírito'. É o que as mães ensinavam aos meninos judeus desde que o mundo começou, dizem elas. Elas os ensinam a dizer isso logo antes de adormecer."[4]

A oração que o conhecido judeu de Caryll Houselander aprendeu com sua mãe é, de fato, a oração fundamental que está na base de todas as outras orações — ou pelo menos deveria estar. Essa é a oração da fé autêntica, a oração de uma fé que não pensa em si mesma como uma solução mágica para os problemas ou um antídoto para a ansiedade. A oração de Jesus quando ele morreu na cruz expressa o tipo de fé adulta de que estamos falando aqui: "Pai, em tuas mãos entrego o meu espírito".

Durante boa parte do tempo, se a fé nos decepciona é porque essa fé deixa de resolver algum problema para nós ou não obtém resultados de um tipo específico que tínhamos em mente. Outras pessoas não mudam, o mundo não muda ou não conseguimos fazer as coisas exatamente como pretendíamos. Mas essa "fé" é pouco mais do que uma fantasia escapista e um entendimento equivocado do que a fé realmente é. Pois, se a fé resolve algum problema, ela o faz apenas ajudando-nos a ver que um problema é simplesmente uma oportunidade para confiar. Um problema ou motivo de ansiedade é uma oportunidade de depositar a nossa confiança no amor de Deus tanto por nós como por qualquer outra pessoa que esteja envolvida na situação que temos em mente e na qual gostaríamos que Deus interviesse.

Isso, porém, se aplica à fé não só num nível pessoal. Aplica-se também à fé dentro da Igreja, a fé como a característica mais básica daqueles que, por sua participação, constituem a Igreja, ou *são* a Igreja. Consideremos algumas palavras de Thomas Merton:

> Como sou católico, acredito, claro, que a minha Igreja garante para mim a mais alta liberdade espiritual. Eu não seria católico se não

---

4. Caryll HOUSELANDER, This war is the passion. New York, Sheed & Ward, 1941, apud Teresa de BERTADANO, *The book of catholic wisdom*, 220.

acreditasse nisso. Eu não seria católico se a Igreja fosse meramente uma organização, uma instituição coletiva com regras e leis exigindo obediência externa de seus membros.
Vejo as leis da Igreja, e todas as várias maneiras em que ela exerce sua autoridade de ensino e sua jurisdição, como subordinadas ao Espírito Santo e à lei do amor. Sei que a minha Igreja não parece ser assim para os que estão fora dela; para eles, a Igreja age de acordo com um princípio de autoridade, mas não de liberdade. Eles estão enganados. É em Cristo e em Seu Espírito que a verdadeira liberdade é encontrada, e a Igreja é o Seu Corpo e vive pelo Seu Espírito[5].

Essa conexão católica entre a fé pessoal e a Igreja é um escândalo para muita gente, e não só para os irreligiosos. É um escândalo também para muitos cristãos protestantes e para membros de religiões não-cristãs, porque, como disse Merton, eles pensam que a Igreja está associada a autoridade, não a liberdade. Mas, em seu íntimo, a Igreja, a comunidade de fé, acena-nos a viver como a Primeira Carta de Pedro ensina: "Comportai-vos como homens livres, sem usar da liberdade como véu para a vossa maldade, mas procedendo como servos de Deus" (2,16).

Uma fé que se apresenta como solução para todos os problemas não é fé, mas uma ilusão, tão insubstancial quanto a neblina da manhã que se esvai no momento em que é exposta à luz do sol. A fé deixa-o com seus problemas e preocupações, mas, por causa da fé, você não é mais um escravo de seus problemas e preocupações. Em vez disso, você é uma pessoa livre que enfrenta decididamente os seus problemas e preocupações com a paciência e o amor do Cristo Ressuscitado.

---

5. Thomas MERTON, *Conjectures of a guilty bystander*, New York, Doubleday Image Books, 1966, 1968, 89.

8

A fé não é uma forma de escapar da morte

Faça uma busca de palavras e declarações dos santos e doutores da Igreja — título dado a certos santos por seus ensinamentos notáveis — sobre o tema da morte. Estas são algumas, para lhe dar uma idéia geral do que eles têm a dizer:

> Os tolos temem a morte como o maior dos males, os sábios desejam-na como um descanso depois de seus labores e o fim das enfermidades (*Santo Ambrósio, 340-397*).

> Bendito seja Deus por nossa irmã, a morte do corpo (*São Francisco de Assis, 1181-1226*).

> Pois o homem, por natureza, tem medo da morte e da dissolução do corpo; mas há este fato surpreendente, de que aquele que vestiu a fé da cruz despreza até mesmo o que é naturalmente temível e, por Cristo, não tem medo da morte (*Santo Atanásio, 295-373*).

> A vida nos é dada para que possamos aprender a morrer bem e nunca pensamos nisso! Para morrer bem, precisamos viver bem (*São João Vianney, 1786-1859*).

Certamente está claro, tanto na Escritura como na Tradição sagrada, que a fé cristã traz uma união com Cristo que é um compartilhamento real e místico tanto de sua morte como de sua ressurreição. Como escreve são Paulo em sua Carta aos Romanos:

> Ou ignorais que nós todos, batizados em Jesus Cristo, é na sua morte que fomos batizados? Pois, pelo batismo, nós fomos sepultados com ele em sua morte, a fim de que, assim como Cristo ressuscitou dos mortos pela glória do Pai, também nós levemos uma vida nova. Pois se fomos totalmente unidos, assimilados à sua morte, sê-lo-emos também à sua Ressurreição (6,3-5).

Em outras palavras, a fé cristã significa que a morte que precisamos experimentar não é mais apenas a nossa morte, mas um compartilhamento real e místico da morte de Cristo e, por assim ser, compartilharemos também a sua Ressurreição para a vida eterna — qualquer que seja o bom e glorioso mistério a que essas palavras se refiram. Por meio do oferecimento de si mesmo a nós, que nosso Deus amoroso realiza no sacramento do batismo, nossa morte torna-se um compartilhamento na morte de Cristo e sua Ressurreição torna-se o nosso destino também.

Tudo isso sabemos pela fé — ou seja, pela experiência de nossa reunião mística e real com Cristo nesta vida. Mas isso não significa que a morte se torna mera ilusão. De forma alguma. Às vezes as pessoas pensam na fé como uma forma de escapar à morte ou de transformar a morte em mera ilusão. Ao contrário, assim como o Jesus de Nazaré histórico experimentou uma morte humana real — e de uma maneira muito mais profunda do que a maioria de nós a experimentará, por tortura e execução lenta —, nós também experimentaremos a morte humana com tudo o que ela implica. A fé não é um modo de escapar à experiência da morte. Mas, assim como Jesus aceitou a sua morte e até mesmo a acolheu como a vontade de Deus para ele, assim a fé convida cada pessoa a aceitar a sua morte como o evento único que ela é.

Que diferença, então, faz a fé no que se refere à morte? Para os cristãos, a fé significa que a morte de cada um não pode ser separada da morte de Cristo. Pois os cristãos morrem *em Cristo*, e nunca devemos subestimar o significado dessa verdade. Pois morrer "em Cristo" é o entendimento da morte exatamente oposto ao da visão para a qual morte equivale ao vazio. Padre Karl Rahner, SJ, talvez o maior teólogo católico do século XX, escreveu:

> À realidade mais profunda do mundo pertence o que chamamos Jesus Cristo em sua vida e morte, o que foi derramado sobre o cosmo no momento em que o receptáculo de seu corpo foi rompido na morte e o Cristo de fato se tornou, mesmo em sua humanidade, o que sempre havia sido por sua dignidade, o coração do universo, o centro mais profundo de toda a realidade criada[1].

Morrer "em Cristo" é encontrar a unidade com "o coração do universo, o centro mais profundo de toda a realidade criada". Assim, para os cristãos, a morte tem um *significado* único. Mas isso não significa que a morte para o cristão tornou-se irreal ou uma ilusão. A morte daquele que vive pela fé tem uma aparência exatamente idêntica à morte daquele que não vive pela fé. No que se refere aos fenômenos externos observáveis associados à morte, um morto é um morto, tenha a pessoa vivido ou não pela fé. No que se refere à experiência física da morte, a pessoa de fé passa por ela exatamente como qualquer outra pessoa.

Portanto, a fé não é uma janela de escape para a morte. A diferença que faz a fé é totalmente real, claro, mas também é totalmente pessoal. Em outras palavras, a diferença para quem tem fé é na formação da atitude pessoal em relação à morte e na visão com que se aborda e mesmo se acolhe o grande mistério da morte, quando ele chega.

Karl Rahner escreveu muitas vezes sobre a importância de abordar a morte com uma abertura fundamental e "com uma prontidão incondicional, na fé, para o Deus incompreensível"[2]. O que importa na fé é a capacidade de estar aberto para a morte, conscientemente sabedor de sua união com a morte de Cristo, "pela qual Cristo inseriu sua vida divina no próprio mundo"[3].

Em outras palavras, as significativas citações do início deste capítulo são *todas* verdadeiras, embora possam parecer incluir contradições. É verdade que a fé autêntica leva a não temer a morte. Mas isso não significa que se possa escapar à morte. Repetindo o que disse são João

---

1. Karl RAHNER, Death, in ID. (org.), *Encyclopedia of Theology: The concise* Sacramentum Mundi, New York, The Seabury Press, 1975, 332.
2. Ibid., 333.
3. Ibid.

Vianney, "A vida nos é dada para que possamos aprender a morrer bem..." A fé autêntica leva a encarar e aceitar a própria mortalidade numa cultura que nega a mortalidade a cada momento. Pode-se pensar em tudo e qualquer coisa, grita a cultura dominante, menos na morte! Afinal, a morte é *aterrorizante* e não queremos pensar nisso. Porque, se o fizermos, podemos não querer levar tão a sério a busca de... bem, segurança financeira, que é, pelo menos para a cultura dominante, a forma *absoluta* de segurança.

Essa é a verdade, como até mesmo a cultura dominante sabe. Se você pensar na própria mortalidade, no *fato* de ter um número de dias, horas e minutos finito, limitado, para ficar em pé, respirar, mover-se sozinho, pode começar a pensar que há algumas coisas mais importantes do que, sim, até mesmo a segurança financeira. A fé autêntica, no entanto, traz consigo essa diferença. A fé autêntica sussurra a verdade de que, longe de ser algo mórbido de se ponderar, a sua própria morte inevitável pode ser uma fonte de cura e libertação. Se você puder imaginar isso. Se você puder.

O poeta, ensaísta e agente funerário de uma pequena cidade, Thomas Lynch, escreve assim:

> Os fatos da vida e da morte permanecem os mesmos. Vivemos e morremos, amamos e sofremos, crescemos e desaparecemos. E, entre essas condições existenciais, procuramos sentido, preservamos nossas lembranças, deixamos um registro para aqueles que se recordarão de nós[4].

Aqui temos o modo como a fé, a fé autêntica, entra no quadro maior. A fé preenche os espaços "entre essas condições existenciais". Se a fé tem algo a oferecer como contribuição, não é ajudar-nos a encontrar alguma porta dos fundos que podemos usar para escapulir da morte — não. Em vez disso, a fé oferece a argamassa ilusória que chamamos de *sentido*. A fé ajuda a que o viver e o morrer, o amar e o sofrer, o crescer e o desaparecer *façam sentido*, tenham coerência; ajuda a fazer com que as peças se encaixem. A fé, a fé autêntica, sussurra em nosso coração

---

4. Thomas LYNCH, *Bodies in motion and at rest*. New York, W.W. Norton & Co., 2000, 91.

que é bom preservar nossas lembranças e preparar algum registro para aqueles que deixamos, para aqueles que nos seguirão na morte, porém mais tarde no tempo, mais tarde.

A fé sussurra em nosso coração que a morte é real, sólida como rocha, tão certa quanto um dia após o outro. A fé sussurra em nosso coração que a única coisa mais garantida do que a morte é que, tanto neste lado como do outro lado da morte, há uma fonte de segurança ainda mais confiável do que dinheiro — grana, verdinhas, apólices de seguros e aplicações no mercado financeiro. Aqui, e lá, está o Fundamentalmente Confiável que é Amor.

Este é o resumo de tudo: a fé não oferece um escape da morte. A morte continua a ser um mistério escuro e todos devem morrer, inclusive você. Mas a fé certamente faz *algo*. A fé diz que a morte não é a realidade final. Sim, você deve morrer. Sim, você não precisa achar isso bom. Mas tranqüilize-se em sua vida, com os bons e os maus momentos, e você verá que aprenderá uma lição, e essa lição é: em última instância, tudo tem a ver com a luz, não com o escuro. O escuro não vai embora; ele está sempre reaparecendo. Mas, quando você se entrega em confiança à beira do escuro chamado morte, bem, do outro lado do tênue véu entre o aqui e o lá, o agora e o então, você não encontrará escuro, mas apenas luz, luz e luz eterna.

A fé leva a um contínuo exercício ou estratégia ou atitude enquanto você prossegue pela vida — um exercício ou estratégia ou atitude que, na verdade, procura confraternizar com a morte, ou o escuro, de maneiras sutis, para que, quando o Grande Escuro, a morte, se apresentar, vocês não sejam completos estranhos um para o outro. Esse exercício ou estratégia ou atitude é tradicionalmente chamado de *ascetismo*. Monges e freiras antes incluíam práticas ascéticas em seus exercícios espirituais regulares. Eles jejuavam com certo rigor. Causavam propositalmente a si mesmos desconforto físico, ou mesmo dor, e não chamavam isso de masoquismo, e com freqüência não era de fato. Lê-se histórias de santos que usavam arame farpado em volta da cintura sob as roupas, colocavam pedregulhos dentro dos sapatos e "praticavam a disciplina", que consistia em usar um pequeno chicote para flagelar-se nas costas nuas. Conta-se histórias de santos que dormiam em esquifes para lembrar-se da morte, ou meditavam diante de crânios, não ao estilo Hamlet, filosoficamente, mas para encarar com sobriedade o seu fim último no tempo e no espaço. Para nós, modernos esclarecidos, tudo isso parece, na melhor das hipóteses, bizarro, se não mórbido.

Hoje, claro, os costumes ascéticos dos antigos monges e freiras não nos fazem querer seguir o seu exemplo. Mas podemos aprender com esses velhos santos. Eles conheciam a capacidade do coração humano de se enganar constantemente, até o fim, quanto a escapar da morte. Eles sabiam que somos todos como o escritor William Saroyan, que escreveu contos ("The Daring Young Man on the Flying Trapeze" [O jovem audacioso no trapézio voador], 1934) e peças (*The Time of Your Life* [O tempo da sua vida], 1939). Em 1981, com um câncer em estado terminal, Saroyan telefonou para a Associated Press e ditou uma declaração dizendo, em termos gerais, que, no que se referia à morte, ele sempre achara que seria a exceção. "E agora?", concluía.

Todos nós pensamos que seremos a exceção. Mas uma das finalidades mais importantes do melhor da tradição ascética cristã é ajudar-nos a antecipar a morte de uma forma saudável, curadora e libertadora. Jejuar, por exemplo. A fé autêntica adota o jejum saudável não porque a comida seja ruim ou porque o prazer de comer seja ruim, mas precisamente para *renunciar a si mesmo*. O jejum é uma resposta a um ensinamento de Jesus: "Se alguém quer vir em meu seguimento, renuncie a si mesmo, tome a sua cruz e siga-me" (Mc 8,34).

Auto-renúncia não é a renúncia ao que há de bom na comida ou no comer, mas *auto*-renúncia. Uma forma tradicional de expressar isso em termos diferentes é "morrer para si mesmo". Assim, a finalidade do jejum, como a de outras práticas ascéticas, é *antecipar a morte*. Quando se jejua, nega-se a si mesmo um prazer simples e nega-se a si mesmo um pouco do sustento material necessário para que a vida continue. Tem-se uma pequena sensação da morte. Não é por razões mórbidas que se faz isso, claro, mas por uma vida que transcenda a vida física e para cultivar um pouco de liberdade das exigências dos apetites físicos. Jejua-se a fim de estar livre para responder mais livremente ao convite de Cristo para "segui-lo".

Todas as três partes do ensinamento de Jesus são essenciais: "renunciar a si mesmo", "tomar a sua cruz" e "seguir" Cristo. Quando se jejua, a sua fé antecipa a morte e aceita a mortalidade, o que é exatamente o oposto de uma fé que vê a si mesma como uma forma de escapar da morte. A fé autêntica aceita a necessidade de renunciar a si mesmo, porque mesmo em vida precisamos aprender a morrer bem, com o espírito aberto para uma vida maior.

Claro que o ascetismo mais importante vem em formas que não escolhemos com antecedência, ou não, pelo menos, em seus particulares. Por exemplo, quando se assume qualquer grande compromisso na vida, o resultado é tanto cruz como ressurreição. Quando você escolhe casar com uma determinada pessoa, reconhece, no plano abstrato, que o cotidiano não será cheio de uma bênção pura e imaculada. Porém, as formas efetivas como o escuro, as dificuldades, os conflitos etc. entram juntos em sua vida não são aquelas que você teria escolhido para si. Esses momentos — e dias e semanas — difíceis tornam-se formas genuínas de ascetismo, modos de antecipar a morte em prol de uma maior liberdade espiritual, quando os aceitamos em benefício do amor. Muito mais valiosos do que uma prática relativamente artificial, como o jejum, são os tempos difíceis que nos chegam sem convite na vida cotidiana e em nossos relacionamentos com aqueles com quem convivemos e trabalhamos. Tais experiências constituem ascetismo no melhor sentido da palavra.

Quando aceita a dor, a ansiedade e as inconveniências que filhos trazem para a sua vida, você "treina" para morrer um dia. Quando não tenta evitar a dificuldade de resolver conflitos com seu cônjuge, você antecipa a morte em prol da cura e da libertação espirituais. Quando deixa de lado as suas próprias preferências a favor das preferências de uma outra pessoa, você experimenta um pouco da morte de si mesmo, o que o ajuda a preparar seu coração para a morte real que virá no final de sua vida.

Claro que nenhuma dessas práticas ascéticas faz qualquer sentido sem a fé. Assim, é precisamente a fé que motiva e dá suporte a uma prática como o jejum ou à simples aceitação das "cruzes" que vêm com a vida cotidiana. A fé autêntica ajuda-o não a escapar da morte, mas a aceitá-la em confiança e auto-abandono ao amor incompreensível de Deus.

A fé, em outras palavras, não nos ajuda a evitar a morte, mas sem dúvida esperamos que a fé nos ajude a lidar com o fato de nossa própria morte e da de outros, em particular daqueles a quem amamos. A fé cristã autêntica faz isso, como sugerimos antes, no contexto da morte e ressurreição de Jesus. Essa fé — essa experiência contínua de intimidade com o Cristo Ressuscitado — ensina-nos que a vida é transformada pela morte, não obliterada por ela, e que nossa esperança de imortalidade pessoal é razoável. Quando pensamos na morte como uma inimiga, são Francisco de Assis nos lembra do contrário cantando a morte como uma "irmã".

Ao mesmo tempo, a fé cristã autêntica sempre tem um caráter comunitário. Embora, em última instância, vivamos e morramos sozinhos, a nossa jornada pela vida acontece em companhia da comunhão dos santos — uma comunidade que inclui, mas transcende, o tempo e o espaço. Assim, quando morremos, não deixamos essa comunidade para trás. A fé autêntica estabelece-nos como membros da comunhão dos santos. Vivemos e morremos na companhia "de tal número de testemunhas" (Hb 12,1) que mesmo a morte continua a ser uma experiência comunitária.

Um entendimento adulto da fé nos leva, porém, a um entendimento adulto dos termos que cercam uma resposta de fé à morte. Em outras palavras, quando ouvimos e usamos expressões como "ressurreição do corpo", "julgamento" e "céu", uma concepção adulta da fé nos lembra que toda essa linguagem é metafórica e simbólica. Nenhuma palavra humana pode expressar adequadamente os mistérios que essas palavras tentam expressar. Ainda assim, essas palavras apontam para realidades, não para ilusões.

A fé autêntica ajuda-nos a confiar nas realidades a que as palavras e expressões tradicionais se referem sem tomar as velhas palavras e expressões literalmente. A morte é real. A fé não significa que evitaremos a morte. Mas a fé significa que a morte tem apenas a penúltima, não a última, palavra. Não há como evitar a morte, mas existe Algo Mais depois da morte, numa — por falta de palavra melhor — condição que chamamos de "eternidade". O que quer que isso possa significar.

Em outras palavras, a morte nos põe frente a frente com o mistério do O Que Acontece Depois e, num sentido muito real, não temos a menor idéia. É aqui, contudo, que a fé autêntica entra em cena. A fé não proporciona nenhum conhecimento cognitivo sobre O Que Acontece Depois, mas ela dá o tipo de conhecimento que o coração pode ter. A fé torna possível confiar sem ter o tipo de informação pelo qual a ciência anseia ou o tipo de conhecimento que vem dos sentidos. A fé nos informa não pelo nosso intelecto, mas pelo nosso coração, e o resultado é a capacidade de confiar diante do mistério da morte. Em seu leito de morte, o coração repleto de fé acha possível dizer, com Jesus na cruz, "Pai, em tuas mãos entrego o meu espírito" (Lc 23,46).

Mas também é verdade que a fé autêntica, quando informa o coração, não o faz de uma maneira contrária à razão. A fé informa o coração, sem dúvida, mas não o faz de uma forma que contradiz qualquer coisa que o intelecto pode conhecer. A fé completa ou preenche o intelecto; ela não nega ou entra em conflito com ele. Quando a fé fala ao coração, diante da morte, que faz perfeito sentido confiar em auto-abandono a Deus, o intelecto não pode dizer: "Mas isso não é razoável". Mesmo o intelecto deve reconhecer que a confiança baseada em experiência pessoal é perfeitamente razoável, e é isso que o coração faria: confiar com base na experiência pessoal.

A experiência pessoal em que o coração cheio de fé se apóia a fim de confiar em Deus à beira da morte é a experiência pessoal da presença amorosa de Deus. Essa é uma presença amorosa que não pode ser provada pela ciência, mas é uma presença amorosa que o coração cheio de fé não tem como negar. Para a fé é tão impossível negar Deus quanto seria para a ciência negar a existência do sol, da lua e das estrelas. De fato, diz a ciência, "Existem o sol, a lua e as estrelas", enquanto a fé diz, ecoando o *Paraíso* de Dante: "E aqui está o Amor que move o sol e as outras estrelas". Para a fé é tão impossível negar esse Amor quanto é impossível para a ciência negar a Via Láctea.

A ciência não tem nada a dizer sobre a morte, exceto que ela *acontece*; e também oferece os fatos sobre *como* ela acontece. As pessoas morrem. A fé também reconhece que a morte é real. Mas a fé declara que há Algo Mais, enquanto a ciência se recusa a dizer qualquer coisa a menos que tenha informações dos cinco sentidos — dados que ela possa ver, sentir, provar, ouvir e cheirar. A fé acolhe todas essas informações, mas acrescenta que há uma forma de conhecimento que inclui as informações dos sentidos mas não se limita a elas. Nas palavras do matemático e filósofo do século XVII, Blaise Pascal (1623-1662), "O coração tem razões que a própria razão desconhece".

A fé declara que a morte que acontece no final da vida não é um evento inteiramente único — ou, pelo menos, não deveria ser único. Como a fé autêntica é uma participação mística e real contínua tanto na morte como na ressurreição de Cristo, a morte não lhe é estranha. A fé autêntica e a morte não são estranhas uma à outra durante a vida e, portanto, a fé não percebe a morte como estranha no fim da vida. Em vez de fugir da morte, a fé caminha com a morte ontem, hoje e amanhã. A fé caminha com a morte não como com uma inimiga, mas como com uma amiga e companheira.

Longe de ser uma preocupação mórbida, o companheirismo entre a fé autêntica e a morte acontece porque a fé sabe que morte e ressurreição são inseparáveis. De fato, não apenas a morte, mas a morte *e* a ressurreição são companheiras constantes da fé, ambas necessárias uma à outra. Lembremos uma vez mais as palavras de são Paulo:

> Ou ignorais que nós todos, batizados em Jesus Cristo, é na sua morte que fomos batizados? Pois, pelo batismo, nós fomos sepultados com ele em sua morte, a fim de que, assim como Cristo ressuscitou dos mortos pela glória do Pai, também nós levemos uma vida nova. Pois se fomos totalmente unidos, assimilados à sua morte, sê-lo-emos também à sua Ressurreição (Rm 6,3-5).

A fé autêntica coloca-o numa posição caracterizada não por melancolia e por uma visão sombria da vida. Ela o coloca numa posição mais forte para ter esperança e lhe dá uma plataforma de lançamento, por assim dizer, a partir de onde correr riscos com base na fé. Com a fé autêntica, você adquire a capacidade de confiar — como e com Cristo — no poder e na providência de um Deus Pai amoroso cujo amor é incondicional. Essa posição de fé autêntica significa que o sofrimento pessoal, seja físico, seja emocional, é sempre o penúltimo ato, nunca o ato final da existência.

Aqui está uma verdade que é tanto difícil como misteriosa, à qual apenas a fé pode dar sentido: a dor e o sofrimento, para a fé cristã autêntica, estão associados a uma participação mística e real contínua no sofrimento e na morte de Cristo — com sua cruz que leva à sua Ressurreição. Em outras palavras, a dor e o sofrimento são, para a fé autêntica, aspectos da experiência contínua de morte nesta vida, uma experiência que antecipa a morte que vem no fim da vida natural. No entanto, essa morte de forma alguma é isoladora ou individualista.

A consciência de uma participação contínua no sofrimento e na morte de Cristo leva a fé autêntica não a se afastar dos outros, mas a estar cada vez mais perto do coração da comunidade de fé. Isso significa que a dor, o sofrimento e a morte que eles prenunciam abrem a fé para receber o apoio dos outros e abrem a fé para aqueles que desejam compartilhar os seus próprios sentimentos de separação e perda, de dor e sofrimento — em outras palavras, sua própria experiência de morte-em-meio-à-vida. A fé autêntica compartilha com os outros a sua experiência contínua de morte e permanece aberta à dor, ao sofrimento e à morte dos outros.

A fé não vê a morte e tenta correr na outra direção, porque a fé não busca a irrealidade, mas a realidade. A fé autêntica reconhece na morte a oportunidade suprema de unir-se ao real e ao verdadeiro. A forma como você responde à morte revela a sua disposição mais básica em relação a Deus em toda a vida. A consciência e a aceitação da morte ao longo da vida possibilitam que você cultive uma aceitação humilde e obediente de sua finitude e de sua dependência absoluta de Deus. A morte lembra-o que, no tempo e no espaço, você teve um começo e terá um fim, que você não se trouxe à existência e não tem o poder de manter-se na existência permanentemente. O reconhecimento disso deixa-o com uma opção de confiança em Deus ou de descrença em uma ou outra forma e, por fim, desesperança.

A fé escolhe encarar e aceitar a morte, mesmo em meio à vida, e confiar em Deus diante desse grande e aparentemente sombrio mistério. Há algumas frases que sobrevivem dos Padres do Deserto, que levaram vidas de oração e ascetismo nos desertos do Egito, da Palestina, da Arábia e da Pérsia, no século IV. Esta é uma delas:

O abade José perguntou ao abade Pastor: "Diga-me como posso me tornar um monge". O ancião respondeu: "Se quiser ter descanso aqui nesta vida e também na próxima, em cada conflito com outra pessoa diga: Quem sou eu? E não julgue ninguém"[5].

Consciência e aceitação humilde da morte não são apenas um exercício espiritual privado. A fé incentiva essa aceitação e tem um impacto direto sobre todos os nossos relacionamentos com outras pessoas. Se reconhecermos humildemente que estamos nos movendo em direção à nossa própria morte e que o mesmo se aplica a todas as outras pessoas que conhecemos, isso nos ajudará a ser mais pacientes e mais compassivos com os outros. Não só isso: também nos ajudará a ser fiéis a nossos compromissos mais básicos.

Quando, por exemplo, marido e mulher, amigos ou mesmo funcionário e gerente acreditam verdadeiramente que eles e o outro são criaturas finitas que portam as sementes de sua própria morte, isso os ajuda a ser pacientes e persistentes uns com os outros. Ajuda-os a ser pacientes com conflitos, pacientes com as imperfeições uns dos outros e mais prontos a perdoar e a se reconciliar quando necessário.

A fé autêntica inspira a consciência e a aceitação da morte e isso nos ajuda a manter nossas promessas. Ela nos ajuda a não levar nada, nem mesmo a própria vida, demasiadamente a sério. Ei, eu vou morrer, você vai morrer. A vida é curta demais para qualquer outra coisa que não paciência, persistência, gratidão serena por bênçãos grandes e pequenas. A vida é curta demais para qualquer outra coisa que não perdão rápido e retorno imediato à vida, vida, vida.

Quando soube que tinha uma forma terminal de câncer, Caryll Houselander escreveu: "Desejo sinceramente ouvir me dizerem 'uma cura de cem por cento' e retornar a esta vida, e celebrá-la com discos no gramofone, risos e gim"[6].

Isso é o que a fé faz. Ela escolhe a vida mesmo às portas da morte. A fé aceita a morte porque sabe que a morte é a passagem para uma vida além da imaginação.

---

5. Thomas MERTON, *The wisdom of the desert*. New York, New Directions, 1960, 63.
6. Apud Maisie WARD, *Caryll Houselander: That divine eccentric*, Westminster, MD, Christian Classics, 1988, 307.

9

A fé não é a resposta para todas as perguntas

Uma das objeções mais comuns à fé cristã apresentada pelos céticos é que as pessoas de fé acham que têm todas as respostas para as maiores perguntas e os mistérios mais profundos da vida. Como acontece com todas as concepções equivocadas da fé, os céticos têm razões para pensar assim, pois não são poucas as pessoas religiosas que dão a impressão de que têm os Grandes Mistérios todos resolvidos. Contudo, em muitos casos, se não na maioria deles, essas pessoas religiosas adotam alguma espécie de fundamentalismo simplista. Ou então colocam uma devoção simplista no lugar da fé autêntica — e embora devoção genuína e fé genuína possam e devam coexistir, elas não são, em absoluto, a mesma coisa.

Tipicamente, os fundamentalistas bíblicos são protestantes sectários que acreditam na inerrância bíblica. Eles acreditam que nada na Bíblia pode estar errado, mesmo histórica ou cientificamente. Se algo parece errado, isso só significa que ainda não descobrimos a verdade a que a Bíblia se refere[1].

Num caminho paralelo, os fundamentalistas católicos acreditam que, com efeito, o que quer que o papa diga, ou o que quer que os documentos oficiais do Vaticano declarem, em ambos os casos poderia ser Deus falando. Seja no fundamentalismo bíblico protestante, seja no fundamentalismo católico, o conceito subjacente de fé é que ela é uma fonte de respostas totalmente confiáveis para qualquer pergunta que possa surgir. Certamente a Bíblia tem muita coisa de natureza confiável para dizer sobre a vida, a fé e o sentido de tudo. Mas ela não tem respostas prontas para todas as perguntas e enigmas, e reflete um entendimento do cosmo e da natureza humana que nenhuma pessoa pensante atual pode aceitar literalmente.

Tente fazer a Bíblia lhe dizer que é certo ou errado praticar inseminação artificial por meio de um doador, ou se os manguezais devem ser protegidos do desenvolvimento. Certamente, as palavras do papa têm uma chance muito maior de conter sabedoria do que os pronunciamentos de celebridades e as pressões da cultura popular dominante. Mas mesmo o ensinamento católico oficial afirma que as declarações do papa são infalíveis apenas em circunstâncias extremamente raras. Talvez a melhor explicação concisa da infalibilidade seja encontrada no Glossário do *Catecismo da Igreja Católica*:

> O carisma do Espírito Santo para a Igreja, pelo qual os pastores da Igreja, o papa e os bispos em união com ele podem proclamar definitivamente uma doutrina de fé ou de moral para crença dos fiéis... Esse carisma relaciona-se à incapacidade de que todo o corpo dos fiéis erre em questões de fé e de moral[2].

Qualquer entendimento da fé que atribua a ela um modo de responder a todas as perguntas equivoca-se inteiramente no que se refere a compreender a fé autêntica. A fé não é, e jamais pode ser, uma espécie de máquina de responder sempre ativa. Na verdade, a fé deixa-o com

---

1. Para uma defesa articulada do fundamentalismo bíblico, ver Harold LINDSELL, *The battle for the Bible*, Grand Rapids, MI, Zondervan, 1976.

2. *Catecismo da Igreja Católica*, 2. ed., Glossário.

mais perguntas sem resposta do que você tinha antes, pois a fé autêntica coloca-o numa situação de "proximidade" com o Mistério Absoluto.

Ao menos intelectualmente, a fé traz uma espécie de escuridão, pela fato de ser tão brilhante. Thomas Merton explicou assim:

> A própria obscuridade da fé é um argumento de sua perfeição. Ela é escuridão para nossa mente porque transcende em muito a sua fraqueza. Quanto mais perfeita é a fé, mais escura ela se torna. Quanto mais perto chegamos de Deus, menos a nossa fé é diluída pela meia-luz de imagens e conceitos criados. Nossa certeza aumenta com essa obscuridade, porém não sem angústia e mesmo dúvida material, porque não achamos fácil subsistir num vazio em que nossos poderes naturais não têm nada de seu em que se apoiar. E é na mais profunda escuridão que possuímos mais plenamente a Deus na terra, porque é então que nossa mente está mais verdadeiramente libertada das fracas luzes criadas, que são escuridão em comparação com Ele; é então que estamos repletos de Sua Luz infinita, que parece pura escuridão para a nossa razão[3].

Claro que a linha de raciocínio de Merton foi moldada por seus próprios interesses como monge contemplativo. Mas o que ele diz aplica-se igualmente a qualquer pressuposição de que a fé deva proporcionar um conjunto pronto de respostas para todos os tipos de perguntas profundas e inquietantes.

Sim, a fé dá algumas respostas. A fé autêntica coloca-o numa posição em que você "sabe" que a vida tem sentido, que ela não é absurda. Mas suas "respostas" não são o tipo de respostas que você obteria de uma visão de mundo científica. De fato, as "respostas" que você obtém da fé tendem a ser tanto adequadas como inadequadas, satisfatórias como insatisfatórias. Isso acontece porque essas "respostas" vêm do encontro de um ser finito — você — com o Deus Infinito, e existe um limite para o que os seus pequenos miolos podem absorver. As "respostas" que a fé dá tendem a ser mais satisfatórias para o coração do que para a mente. Claro que, como mostra o afeto tradicional do catolicismo pela vida intelectual, a fé autêntica jamais pode negar ou contradizer a razão; em vez disso, a fé genuína completa ou preenche a razão.

---

3. Thomas MERTON, *New Seeds of Contemplation*, 134-135.

Os seres humanos perguntam: "Por que estou aqui? De onde eu vim? Qual é o meu destino final?" A experiência da fé proporciona a "resposta" de um relacionamento contínuo com Deus, cujo amor é incondicional. A reflexão sobre a experiência histórica desse relacionamento pela comunidade de fé resultou nas Escrituras e em escritos menores, cada um com seu próprio tipo de autoridade. Um bom exemplo desses últimos em nossa própria era é o *Catecismo da Igreja Católica*. Nesses documentos, encontramos "respostas" de uma natureza mais formular, "respostas" que procuram interpretar a sabedoria que a comunidade de fé aprendeu em seu relacionamento com Deus no curso de muitos séculos.

É assim que acabamos com respostas como "Deus criou tudo o que existe", "O propósito da vida é amar a Deus e ao próximo" e "A morte é uma transição da vida temporal para a vida eterna". É assim que obtemos palavras belas, verdadeiras mas apenas parcialmente satisfatórias como o parágrafo inicial do *Catecismo da Igreja Católica*:

> Deus, infinitamente Perfeito e Bem-aventurado em si mesmo, em um desígnio de pura bondade, criou livremente o homem para fazê-lo participar de sua vida bem-aventurada. Eis por que, desde sempre e em todo lugar, está perto do homem. Chama-o e ajuda-o a procurá-lo, a conhecê-lo e a amá-lo com todas as suas forças. Convoca todos os homens, dispersos pelo pecado, para a unidade de sua família, a Igreja. Faz isto por meio do Filho, que enviou como Redentor e Salvador quando os tempos se cumpriram. Nele e por Ele, chama os homens a se tornarem, no Espírito Santo, seus filhos adotivos, e portanto os herdeiros de sua vida bem-aventurada[4].

Fiéis e observadores externos podem ter a impressão, a julgar pelo grande volume de documentos e ensinamentos formais da Igreja, que a fé *deveria* dar respostas de todos os tipos em grande abundância. Mas não é assim. Os documentos e ensinamentos formais da Igreja são verdadeiros até onde alcançam, sem dúvida, e servem a um propósito válido. Mas, como "respostas", com freqüência suscitam mais perguntas do que a elas respondem.

---

4. *Catecismo da Igreja Católica*, 2. ed., n. 1.

Por exemplo, muitas pessoas de língua inglesa acham hoje que o caráter não-inclusivo da tradução do *Catecismo* a partir do texto latino origina perguntas por si mesmo. O termo *men* (homens), por exemplo, não engloba mais todas as pessoas, homens e mulheres, como antigamente. Embora seja uma questão bem mais espinhosa, e não tão facilmente solucionável como as referências a seres humanos, há a objeção ao uso de pronomes masculinos (*he, him*) para se referir a Deus, que, obviamente, não tem sexo masculino nem feminino mas, ao menos metaforicamente, deve incluir a ambos. Porém, pelo menos em inglês, que outra forma temos para representar Deus que não seja pelo uso de pronomes masculinos e/ou femininos? Recorrer a títulos funcionais, como "Deus Criador" ou "Deus Gerador" parece, na melhor das hipóteses, uma tentativa insatisfatória. Portanto, aqui mesmo, temos um documento oficial da Igreja que, por sua natureza de tradução, no próprio ato de articular respostas suscita questões quase impossíveis de resolver.

Mesmo se desconsideramos essas questões não insignificantes, porém, e prestamos atenção em uma das respostas que o texto dá, ainda nos vemos com perguntas. O *Catecismo* diz que "desde sempre e em todo lugar, [Deus] está perto do homem". Mas, se é assim, e quanto aos lugares e tempos de mal profundo? Entre os lugares e tempos mais óbvios sobre os quais podemos perguntar estão os campos de extermínio nazistas durante a Segunda Guerra Mundial. Deus estava perto das pessoas em lugares tão terrivelmente perversos como Dachau e Auschwitz? E, a propósito, Deus está perto em qualquer momento e situação em que os direitos e a dignidade de seres humanos estão sendo pisoteados ou desconsiderados por outros seres humanos? Como podemos dizer que Deus está perto quando uma criança inocente sofre? Deus está presente numa reunião de um grupo de ódio racial?

O catecismo prossegue dizendo que Deus "convoca todos os homens, dispersos pelo pecado, para a unidade de sua família, a Igreja". Esta "resposta" só pode deixar o leitor inteligente com perguntas como: Isso significa *todo mundo*?" "O *Catecismo* está dizendo que até mesmo os não-cristãos são convocados para a Igreja católica?" "Os judeus, muçulmanos e budistas não achariam isso ofensivo?"

Em outras palavras, até mesmo — ou talvez especialmente — as "respostas" que vêm dos ensinamentos oficiais da comunidade de fé tendem a ser menos do que completamente satisfatórias para a mente questionadora. Assim, mesmo nesse sentido não se pode dizer que a fé ofereça respostas definidas para perguntas importantes. Os documentos oficiais da Igreja, como o *Catecismo da Igreja Católica*, e os documentos produzidos pelo Concílio Vaticano II em meados da década de 1960 são bons — uma vez mais, até onde alcançam —, mas ninguém pode dizer que eles oferecem as respostas finais, definitivas e completamente adequadas mesmo para as mais básicas indagações humanas. Em vez disso, eles são frágeis tentativas humanas de lançar alguma luz na escuridão, o que é muito melhor do que nada, mas de forma nenhuma a palavra firme e final sobre qualquer coisa. Podemos, e devemos, obter muita sabedoria desses documentos, mas precisamos ter em mente que revisões são sempre possíveis, e até mesmo prováveis.

Muito mais satisfatórias, embora ainda marcadas por limitações históricas e culturais humanas que precisamos encarar com seriedade, são as Escrituras — os chamados "Antigo" e "Novo" Testamentos que compõem a Bíblia. Ao contrário de documentos como o *Catecismo da Igreja Católica*, as encíclicas papais etc. as Escrituras judaicas e cristãs teriam sido "inspiradas", ou seja, seu autor, em última instância, seria Deus. Um dicionário teológico define inspiração assim:

> O impulso e orientação especiais do Espírito Santo por meio dos quais os livros da Escritura foram compostos e, assim, podem ser chamados de palavra de Deus... O que Deus tinha a dizer é encontrado no que foi dito pelos autores humanos, que foram autores genuínos e não meros estenógrafos copiando o que Deus ditava...[5]

A Escritura é superior em valor aos documentos oficiais da Igreja no sentido de que os autores dos documentos oficiais precisam usar a Escritura como o padrão básico em relação ao qual é preciso medir o que eles escrevem. Claro que os documentos oficiais da Igreja participam e são parte da Tradição sagrada — mas apenas na medida em que

5. O'COLLINS, FARRUGIA, *A concise dictionary of theology*, 121.

expressam rigorosamente a experiência de fé de toda a Igreja em circunstâncias históricas e culturais específicas.

As Escrituras estão enraizadas nas experiências fundacionais irrepetíveis do judaísmo e do cristianismo, o que lhes dá também um valor ímpar. Além disso, não se pode dizer que as Escrituras ofereçam "respostas" a não ser no contexto da experiência de fé. Em outras palavras, as "respostas" que as Escrituras dão são muito mais satisfatórias para aqueles que as lêem no contexto da fé em que elas foram escritas do que "de fora", por assim dizer, na perspectiva de alguma objetividade teórica pura. As Escrituras falam de fé para a fé, ou seja, *da* experiência de intimidade com Deus para a experiência de intimidade com Deus.

O mesmo se aplica aos documentos oficiais da Igreja, claro, mas em vez de tentar falar da e para a experiência humana contemporânea, como fazem os documentos oficiais, as Escrituras falam de e para uma experiência que inclui e transcende a história. Isso significa que as Escrituras têm um caráter atemporal, ainda que expressas segundo os períodos históricos em que foram escritas. As "respostas" encontradas na Bíblia, portanto, não são tanto respostas, mas placas rodoviárias apontando na direção certa.

Boa parte do valor das Escrituras vem do fato de que os vários autores humanos dos documentos bíblicos usaram estilos literários particulares. As "respostas" que a Bíblia dá vêm em formas literárias que variam de poesia a ficção e de cartas a fantasia. Todas essas formas literárias comunicam verdades, mas dizer que elas respondem a perguntas de uma maneira científica ou histórica seria passar longe da realidade. Mesmo nas Escrituras, não podemos dizer que a fé proporciona um conjunto pronto de respostas.

De fato, as "respostas" às Grandes Questões da vida que encontramos na Bíblia não podem ser chamadas de fato de respostas. É verdade, por exemplo, que as Escrituras judaicas, ou Antigo Testamento, nos dão os chamados Dez Mandamentos[6]. Mas não é preciso alguém com uma formação avançada em estudos das Escrituras para lhe dizer que os Dez

6. Ver Êxodo 20,2-17, e Deuteronômio 5,6-21.

Mandamentos — uma tradução mais exata do hebraico expressaria "mandamentos" como "palavras" ou "declarações" — estão longe de ser "respostas" específicas e cristalinas[7].

Como a Escritura em geral, os Dez Mandamentos não são tanto respostas quanto orientações para nos levar na direção certa e, quando se trata de perguntas e questões específicas, eles dizem, "usando a sua fé e o seu coração e o cérebro que Deus lhe deu, descubra por si mesmo". O mesmo é verdade para os ensinamentos de Jesus nos Evangelhos. Podemos dizer que Jesus responde à pergunta: "Qual é o sentido e o propósito da vida?"? No Evangelho de Marcos, por exemplo, quando um escriba pergunta a Jesus qual mandamento é o maior de todos, ele responde:

> O primeiro é: Ouve, Israel, o Senhor nosso Deus é o único Senhor; amarás o Senhor teu Deus de todo o teu coração, com toda a tua alma, com todo o teu pensamento e com toda a tua força. Eis o segundo: Amarás o teu próximo como a ti mesmo. Não há mandamento maior do que estes (12,29-31).

Podemos entender isso como o ensinamento de Jesus acerca do sentido e do propósito da vida, sem dúvida. Mas suas palavras não constituem propriamente uma "resposta". Elas são mais como o oferecimento de uma orientação para a vida. Ainda somos deixados com a indagação quanto ao que devemos fazer, especificamente, com a nossa vida única e particular. Não há "respostas" para isso vindas do Novo Testamento, por mais diligentemente que as procuremos.

Não é verdade, porém, que a fé signifique que você concorda e aceita certas verdades reveladas por Deus? Então isso não quer dizer que a fé proporciona pelo menos *algumas* respostas na forma dessas verdades reveladas? Sim. E não. Uma vez mais, nenhuma das verdades reveladas pela fé é uma resposta específica para perguntas específicas. Em vez disso, elas são verdades que colocam a vida em geral, e a vida de cada indivíduo em particular, num certo contexto significativo e dão

---

7. Ver Mitch FINLEY, *The Ten Commandments: Timeless challenges for today*, Liguori, MO, Liguori Publications, 2000.

uma certa orientação geral. Nesse contexto e nessa orientação, as pessoas devem ainda — para usar as palavras de são Paulo — "com temor e tremor", pôr "por obra a vossa [própria] salvação" (Fl 2,12).

As verdades reveladas por Deus que a fé torna possível aceitar são expressas em palavras e conceitos humanos que se apóiam inteiramente em metáforas, analogias e abstrações filosóficas/teológicas. Como explica o *Catecismo da Igreja Católica*:

> Uma vez que nosso conhecimento de Deus é limitado, também limitada é nossa linguagem sobre Deus. Só podemos falar de Deus a partir das criaturas e segundo nosso modo humano limitado de conhecer e de pensar...
>
> Deus transcende a toda criatura. Por isso, é preciso incessantemente purificar nossa linguagem daquilo que possui de limitado, de proveniente de pura imaginação, de imperfeito, para não confundirmos o Deus "inefável, incompreensível, invisível, inatingível" com as nossas representações humanas. Nossas palavras humanas permanecem sempre aquém do Mistério de Deus[8].

Isto significa que as "respostas" que a fé dá não são de forma alguma respostas cristalinas para perguntas ou soluções para problemas. As "verdades" da fé vêm na forma, por exemplo, de formulações como o Credo dos Apóstolos — a mais antiga expressão do "conteúdo" da fé de que dispomos fora das Escrituras, datada pelo menos do início dos anos 400, e provavelmente ainda anterior a isso[9].

Preste atenção nas palavras dessa antiga declaração de fé:

> Creio em Deus Pai Todo-poderoso,
> Criador do céu e da terra
> e em Jesus Cristo, seu único Filho, Nosso Senhor,
> que foi concebido pelo poder do Espírito Santo,
> nasceu da Virgem Maria,
> padeceu sob Pôncio Pilatos,
> foi crucificado, morto e sepultado.

---

8. *Catecismo da Igreja Católica*, 2. ed., n. 40 e 42. O *Catecismo* indica numa nota de rodapé que a citação é da "*Liturgia de São João Crisóstomo*, Anáfora".

9. Ver Robert A. KRIEG, Apostles' Creed, in Richard P. McBRIEN (org.), *The HarperCollins Encyclopedia of Catholicism*, 75.

Desceu à mansão dos mortos,
ressuscitou ao terceiro dia,
subiu aos céus,
e está sentado à direita de Deus Pai Todo-poderoso,
de onde há de vir a julgar os vivos e os mortos.
Creio no Espírito Santo,
na Santa Igreja Católica,
na comunhão dos santos,
na remissão dos pecados,
na ressurreição da carne
e na vida eterna. Amém[10].

Claramente, o Credo dos Apóstolos é constituído em sua totalidade por uma linguagem religiosa que fala a verdade *da* fé *para* a fé. As "informações" que o Credo dos Apóstolos oferece são referentes a eventos históricos. Mas, para ser consideradas "respostas" para qualquer coisa, essas "informações" pressupõem a fé. O Credo dos Apóstolos é mais uma narrativa resumida dos acontecimentos centrais da história da salvação cristã do que "respostas" para perguntas básicas da vida. Recitar o Credo dos Apóstolos com fé e com uma crença firme em suas verdades ainda não esclarece para ninguém todas as questões sobre o sentido e o propósito da vida. O que ele faz é proporcionar um contexto de significado mais amplo no âmbito do qual se pode construir uma vida que tenha tanto sentido como propósito.

O Credo dos Apóstolos é o que poderíamos chamar de um recurso da religião. Ele mostra que a função da religião é dar suporte, nutrir e expressar a fé. Isso é o que o Credo dos Apóstolos faz. Mas ele não transforma a fé numa fonte de respostas para as Grandes Perguntas. O Credo dos Apóstolos diz: "É nisso que eu/nós acreditamos". Ele não pretende ser um conjunto de respostas para nada. Recitamos o Credo dos Apóstolos e declaramos que é nisso que nós, como cristãos, acreditamos. Mas isso não nos deixa sem perguntas, sem problemas e com uma clareza de visão e entendimento que nos tornaria motivo de inveja para todo mundo. Ele nos deixa com uma orientação básica na vida,

10. Ibid.

mas também nos deixa com tantas perguntas quanto tínhamos antes. A diferença agora é — e, sem dúvida, não é uma pequena diferença — que buscamos as respostas com uma confiança no sentido essencial da própria busca. Sabemos que, mesmo que não encontremos todas as respostas, em última instância nos encontraremos mantidos em segurança, curados e amados por Deus, que é a um só tempo a Pergunta definitiva e a Resposta definitiva.

Claro que sob a idéia de que a fé proporciona respostas para todas as perguntas está a falsa suposição de que a fé deve proporcionar respostas para todas as perguntas. É certo que a fé dá algumas respostas, mas não tanto respostas prontas para perguntas específicas. Em vez disso, a fé é uma fonte de conhecimento e de entendimento apenas da mesma forma como, por analogia, o relacionamento entre duas pessoas que se amam é uma fonte de conhecimento e de entendimento. Pelo fato de duas pessoas serem boas amigas, ou de um homem e uma mulher se comprometerem a um casamento de amor, eles "conhecem" um ao outro e "compreendem" um ao outro. Por serem amigos, ou por serem casados, seu amor recíproco lhes dá um conhecimento e um entendimento que torna possível a aceitação do mistério do outro.

Você não insiste para que seu amigo ou seu cônjuge aja de uma maneira "razoável" todo o tempo, ou de uma maneira que seja "aceitável" para você em todas as circunstâncias. Em vez disso, você o aceita e permanece ligado a seu amigo ou a seu cônjuge mesmo quando não o compreende totalmente. Por analogia, é assim que a fé funciona também. Por ter um relacionamento amoroso e pessoal com o Mistério Pessoal (Deus) que você "conhece" e experimenta como sendo tanto a sua fonte como a sua meta, seu início e seu fim, você continua tentando ser fiel a esse relacionamento. Mesmo quando você falha nesse relacionamento, e mesmo quando esse Amor Misterioso (Deus) parece não corresponder às suas expectativas, você permanece: vocês continuam amigos, por assim dizer, porque você sabe e confia que, de alguma forma, o "comportamento" de Deus fará sentido no longo prazo. Estamos, afinal, falando de um "Amigo" que é muito mais misterioso do que um amigo humano jamais poderia ser. Assim, com Deus, você permanece lá, confiando que, mesmo quando um amigo humano o decepciona, esse Amor Misterioso não fará o mesmo.

Seria possível dizer que as "respostas" que vêm da fé são muito mais valiosas do que as respostas que vêm da mera contribuição sensorial ou de processos intelectuais. Todo o conhecimento científico está sujeito a revisão, afinal. Uma única nova descoberta, ou uma única nova invenção, ou um único novo lampejo pode mudar praticamente tudo. Pense nas mudanças profundas produzidas na sociedade e na cultura pela invenção do automóvel, por exemplo. Ou nas transformações sociais e culturais causadas pela invenção do computador pessoal ou pelo amplo acesso a formas artificiais de contracepção. Para o bem ou para o mal, essas coisas chegaram devido a desenvolvimentos no conhecimento científico e o mundo nunca mais será o mesmo. O conhecimento que vem da fé, porém, é um conhecimento muito mais profundo do que qualquer conhecimento que o cérebro humano jamais poderá apreender completamente. Isso não significa, no entanto, que esse conhecimento não mereça confiança.

Uma vez mais, a melhor analogia é a da amizade humana ou de um casamento de amor. Nenhum casal se casaria se primeiro ambos precisassem ter uma compreensão total um do outro. O que acontece, porém, é que o casal conhece, compreende e confia um no outro sem ter uma base científica totalmente segura para assumir esse compromisso. O compromisso que assumimos com Deus é algo assim. Temos um relacionamento com Deus que transcende, mas não contradiz, a razão. Assim, o que "sabemos" como resultado de nossa fé é tanto razoável como mais profundo do que a razão pode explicar. Da mesma forma como o amor de marido e mulher é tanto razoável como mais profundo do que a razão pode explicar, também a fé proporciona um tipo similar de conhecimento sobre o sentido e o propósito da vida.

Outra forma de olhar para os tipos de conhecimento que a fé traz é considerar a sério a nossa finitude humana. Podemos conhecer e entender apenas até um certo ponto, mas tudo o que podemos conhecer e entender é condizente com a confiança no amor de Deus.

10

A fé não é o oposto da dúvida

As pessoas às vezes alimentam a idéia de que fé e dúvida são incompatíveis e de que a fé perfeita inclui a ausência completa de dúvidas sobre qualquer coisa que tenha a ver com Deus, religião, fé etc. A primeira coisa que precisamos lembrar de um capítulo anterior é que fazer perguntas sobre fé ou tópicos religiosos não equivale a dúvida. Fazer perguntas significa simplesmente que se quer compreender melhor a própria religião ou a própria fé. Uma das histórias mais bem conhecidas do Novo Testamento ilustra esse ponto. O Evangelho de Lucas mostra que Maria, a futura mãe de Jesus, tinha as suas perguntas:

> No sexto mês, o anjo Gabriel foi enviado por Deus a uma cidade da Galiléia chamada Nazaré, a uma jovem, prometida em casamento a um homem chamado José, da família de Davi; e essa jovem se chamava Maria. O anjo veio à presença dela e lhe disse: "Alegra-te, ó tu que tens o favor de Deus, o Senhor está contigo".
>
> A estas palavras, ela ficou grandemente perturbada, e se perguntava o que podia significar esta saudação. O anjo lhe disse: "Não temas, Maria, pois obtiveste graça junto a Deus. Eis que engravidarás e darás à luz um filho, e lhe darás o nome de Jesus. Ele será grande e será chamado

> filho do Altíssimo. O Senhor Deus lhe dará o trono de Davi, seu pai; ele reinará para sempre sobre a família de Jacó, e o seu reino não terá fim".
> Maria disse ao anjo: "Como se fará isso, visto que não tenho relações conjugais?"
> O anjo lhe respondeu: "O Espírito Santo virá sobre ti e o poder do Altíssimo te cobrirá com a sua sombra; e por isso aquele que vai nascer será santo e será chamado Filho de Deus. E eis que Elisabete, tua parenta, está também para dar à luz um filho em sua velhice e já está em seu sexto mês, ela que era chamada estéril, pois nada é impossível a Deus".
> Maria disse então: "Eu sou a serva do Senhor. Faça-se tudo a mim segundo a tua palavra!" E o anjo a deixou (1,26-38).

Maria quer compreender o que está acontecendo, por isso ela tem as suas perguntas, e o Evangelho de Lucas faz questão de incluí-las em sua narrativa da Anunciação. É como se Lucas quisesse nos contar que a fé não só permite perguntas como, sem perguntas, não é muito fé.

Perguntas não equivalem a dúvida. Existe um sentido em que dúvida e fé são incompatíveis, é claro. Um dicionário teológico, por exemplo, define *dúvida* assim:

> Incerteza ou suspensão de concordância com crenças cristãs específicas ou mesmo com a fé como um todo. Perguntas sérias e o enfrentamento honesto de dificuldades não equivalem ao pecado da dúvida[1].

Se essa definição o deixou pensando sobre a diferença entre "dúvidas" e "perguntas sérias e o enfrentamento honesto de dificuldades", você não está sozinho. Santo Tomás de Aquino nos ajuda oferecendo a seguinte reflexão:

> Acreditar... significa depositar fé em algo, e isso assemelha-se a saber no dar firme assentimento, mas assemelha-se a duvidar, suspeitar e manter opiniões no não ter nenhuma visão acabada da verdade. Assim, caracterizamo-la como concordar com algo sobre o que ainda se está refletindo... O assentimento da fé é um ato da mente não determinado pela razão, mas pela vontade[2].

---

1. O'COLLINS, FARRUGIA, *A consice dictionary of theology*, 67.

Em outras palavras, seria possível dizer que a fé, quando a olhamos com mais atenção, inclui as características tanto de saber como de duvidar, pois a fé nunca tem uma "visão acabada da verdade". Além disso — e aqui as palavras de Tomás de Aquino tornam-se de fato sutis —, a fé é "um ato da mente não determinado pela razão, mas pela vontade". Isso significa que, em última instância, a fé é desarrazoada? De forma alguma.

Se retornarmos à nossa analogia de um relacionamento de confiança entre duas pessoas — amigos ou esposos, digamos —, poderemos compreender melhor a idéia de Tomás de Aquino. Em última instância, você confia em seu amigo não porque pode verificar as razões para isso, mas porque seu amigo é seu amigo. Você confia porque aquele em quem você confia provou, ao longo de sua amizade, ser digno de sua confiança. Assim também, ao longo de seu relacionamento com Cristo, ele se provou digno de sua confiança. Enquanto faz perguntas e procura um melhor entendimento da sua fé, você continua a confiar, precisamente porque é razoável fazer isso.

Quando perguntas sérias tornam-se dúvidas? A diferença é de *significado*. Enquanto uma pergunta é sobre significado, ela não é uma dúvida, mas a expressão de um desejo de compreender melhor. Se você pergunta "Como podemos dizer que Deus é amor quando existe tanto sofrimento no mundo?", está fazendo uma pergunta sobre significado. Se, por outro lado, você pergunta "Como posso acreditar que Deus é amor quando há tanto sofrimento no mundo?", você se aproxima de uma séria dúvida. A primeira pergunta é a fé buscando um melhor entendimento. A segunda pergunta não vem da fé, mas da dúvida. Como diz a definição do dicionário teológico, porém, para que a dúvida seja uma ameaça à fé ela precisa se referir a "crenças cristãs específicas" ou à "fé como um todo".

O ponto central torna-se uma questão de *quais* crenças cristãs são importantes o suficiente para que, se você duvidar genuinamente delas, cheguem a anular ou pôr em risco a sua própria fé. O fato é que existem

---

2. Santo Tomás de Aquino, *Summa Theologiae: A Concise Translation*, org. Thomas McDermott, Westminster, MD, Christian Classics, 1989, 331.

elementos ou aspectos quase infinitos da religião cristã dos quais se pode duvidar à vontade sem nenhum risco para a fé. Repetindo uma das minhas citações favoritas, de G. K. Chesterton: "Os católicos conhecem as duas ou três verdades transcendentais em relação às quais concordam; e sentem um grande prazer em discordar quanto a tudo o mais".

O que são essas "duas ou três verdades transcendentais"? Na verdade, são mais provavelmente sete ou oito. Recite para si mesmo o Credo dos Apóstolos ou o Credo Niceno — o que é usado nas missas de domingo — e terá um bom resumo das "verdades transcendentais" que você pode questionar quase infinitamente, mas que não comportam muita dúvida genuína.

Isto, claro, nos traz de volta à diferença entre uma indagação e uma dúvida. Vamos pegar o primeiro item do Credo Niceno como o recitamos em todas as missas de domingo e em solenidades como o Natal e a Páscoa: "Creio em um só Deus, Pai Todo-poderoso, criador do céu e da terra, de todas as coisas visíveis e invisíveis".

Este é o grande ponto da indagação teológica. Você acredita ou não em Deus? Esta é uma questão que pode suscitar perguntas quase infinitas, e de fato o faz. Como: O que, exatamente, se quer dizer com a palavra *Deus*? Deus é todo-poderoso e, se assim o é, por que então permite que crianças inocentes sofram? Deus é "pessoal", ou Deus é uma "Força" distante e impessoal, desinteressada pelas coisas humanas? Num estilo mais poético, citando o poeta inglês do século XX, Stevie Smith: "O que me importa se Deus é bom/Se Deus não for bom para mim?" E assim por diante, *ad infinitum*.

A questão básica, de grau zero, porém, é se você reconhece ou não a realidade de Deus. Se você ainda está meditando sobre isso, então você duvida — no que não há problema, mas você não é uma pessoa de fé ou uma pessoa religiosa. Você é alguém que está em busca, ou ainda tentando resolver a questão consigo mesmo. Deus é real ou é apenas um produto da imaginação humana? Há muitas pessoas honestas e intelectualmente responsáveis que passam anos ponderando sobre essa questão, vivendo num estado de incerteza. No que, repetindo, não há nenhum problema. Mas isso significa que não se pode dizer que essas pessoas tenham fé — não plenamente, pelo menos. Com muita freqüência, quando tais pessoas chegam à fé, elas se tornam fiéis excepcionais, por causa do tempo que passaram sentindo-se incertas.

Às vezes, pessoas que acreditaram por muitos anos percebem-se conjeturando até mesmo sobre questões básicas como a realidade de Deus. Intelectualmente, elas começam a questionar se de fato existe um Deus. No plano da vontade, porém, elas não param de acreditar. Portanto, não se pode dizer que estejam verdadeiramente em dúvida. Elas continuam escolhendo acreditar, mas querem saber mais, querem compreender melhor a Deus. Uma vez mais, isto é simplesmente uma questão de fazer boas perguntas que levarão a uma fé mais profunda, mais forte e mais adulta.

Neste aspecto podemos aprender com os grandes místicos da tradição cristã. Entre os mais conhecidos está são João da Cruz, o carmelita espanhol do século XVI que escreveu, entre outros livros, *A noite escura da alma*. Nessa mesma linha encontra-se o autor anônimo do final do século XIV que escreveu *A nuvem do desconhecido*, provavelmente um monge e sacerdote cartusiano. O que o autor diz sobre o início da oração contemplativa — e o que são João da Cruz diz sobre períodos de escuridão e aridez na oração — aplica-se igualmente à vida de fé em geral. *A nuvem do desconhecido* diz: "é comum não se sentir nada além de uma espécie de escuridão na mente, como se fosse uma nuvem do desconhecido"[3].

Às vezes, tempos normais de escuridão na vida de fé podem parecer tempos de dúvida genuína, como se a fé tivesse sumido e sido substituída por nada, nada, absolutamente nada. É então que é importante lembrar que a fé é, em última instância, uma questão de vontade, não de intelecto ou de imaginação. Há momentos em que não se *sente* amor, nem mesmo por um cônjuge ou pelos filhos, mas isso não significa que não se ame essas pessoas. Continuamos a amar no plano em que o amor mais importa, que é o plano da vontade. Continuamos a agir pelo bem daqueles a quem amamos, mesmo que não estejamos *sentindo* amor por eles.

---

3. *The cloud of unknowing*, trad. ingl. William Johnston. New York, Image Books, 1968, 32.

De modo similar, continua-se a amar a Deus mesmo quando não se está *sentindo* amor por Deus, ou mesmo a presença dele em sua vida. Continua-se a ter fé; não se pára de agir por fé porque, naquele momento, não se *sente* fé. Age-se de uma maneira fiel porque se *sabe*, no fundo do próprio ser, que Deus é real e que, mesmo quando não se sente a presença dele, Deus permanece sendo o Pai cujo amor é totalmente confiável. Continua-se a dizer, no coração, as primeiras palavras do Credo Niceno: "Creio em um só Deus, Pai Todo-poderoso..."

Momentos escuros na vida de fé não são necessariamente momentos de dúvida genuína. Eles são parte normal de ser o parceiro humano na relação divino/humano chamada fé. Tais momentos podem — e mesmo devem — levar-nos a fazer perguntas sobre a fé e sobre a nossa religião. Mas não devemos confundir as diversas experiências de "noite escura da alma" com uma ameaça à nossa fé. Em vez disso, tais momentos escuros são uma oportunidade de nos tornar mais "adultos" em nossa fé, de aprender que não podemos contar sempre com sentimentos emocionais aconchegantes e reconfortantes na vida de fé. Místicos de todos os tempos e lugares nos dizem que tais sentimentos são efêmeros e pouco importantes, o algodão-doce da vida de fé, e também tão substanciais quanto ele.

Idealmente, nossa religião e todas as suas expressões institucionais deveriam estar a serviço de nossa fé e de nossa espiritualidade. A Igreja, como instituição humana, não deveria ser um fim em si mesma. Mas há momentos em que a nossa religião e a nossa Igreja falham, e falham terrivelmente. Há momentos em que a Igreja e a religião não só não são úteis, como de fato agem de maneiras prejudiciais ou destrutivas. Nesses momentos, podemos nos sentir inclinados a duvidar de nossa fé, mas tais dúvidas são mal direcionadas. Nossa Igreja e nossa religião não são o objeto de nossa fé, exceto num sentido secundário. Se depositarmos a nossa fé na Igreja e na religião, e não em Deus, falhas por parte da Igreja e da religião podem ter um efeito destrutivo sobre a nossa fé — como não poderia deixar de ser.

Quando dizemos que "acreditamos" na Igreja, declaramos que, para nós, a Igreja é o lugar em que acreditamos, a comunidade em que a nossa fé é enraizada e nutrida, desafiada e celebrada. Acreditamos *na*

Igreja, mais do que *acreditamos* na Igreja. Quando compreendemos isso, fica muito mais fácil tolerar as imperfeições e fraquezas da Igreja-como-instituição-humana. É menos provável que, quando indivíduos ou grupos da Igreja nos causem dor, venhamos a desistir da Igreja. É menos provável que esperemos perfeição da Igreja de acordo com nossos padrões particulares de perfeição.

Fé e dúvida não são estranhos entre si. De fato, são dois lados da mesma moeda. Dúvida e fé são como luz e escuridão; não se pode ter um sem o outro. Por mais forte que seja a sua fé, a dúvida sempre estará puxando o seu braço — porque o seu entendimento finito e limitado do Infinito será sempre limitado e finito. Assim como um jarro jamais poderá conter todo o oceano, a sua imaginação e o seu intelecto humanos não podem jamais compreender plenamente o Amor Infinito revelado por Jesus como seu Pai amoroso. Portanto, sempre haverá a incômoda inclinação à dúvida e, quanto mais você se apoiar exclusivamente em seu intelecto, maior será a tentação à dúvida. Quanto mais você se apoiar em seu ser inteiro, porém — intelecto, imaginação, coração e alma —, menos se sentirá atraído pela escuridão da genuína dúvida.

Thomas Merton escreveu que a fé "não é uma opinião" e "não é uma convicção baseada em análise racional". Ela "não é fruto de indícios científicos".

> A fé é, em primeiro lugar, um assentimento intelectual. Ela aperfeiçoa a mente, não a destrói. Ela confere ao intelecto a posse da Verdade que a razão não pode apreender por si. Ela nos dá certeza quanto a Deus como Ele é em Si Mesmo; a fé é o caminho para um contato vital com um Deus Que é vivo, e não para a visão de um Primeiro Princípio abstrato engendrado por silogismos a partir dos sinais das coisas criadas.[4]

Em outras palavras, Merton lembra-nos de que a fé põe a razão em união com Deus, o que produz a culminação da razão, não sua abolição. A "fé cega" sufoca a razão, enquanto a fé autêntica a completa. E, repetindo, a certeza que a fé dá não é a certeza que vem da investigação científica; ela é como a certeza que se obtém da amizade com outra

---

4. Thomas MERTON, *New seeds of contemplation*, 126-127.

pessoa. Sua *experiência* da outra pessoa leva-o à certeza, por exemplo, de sua confiabilidade, mesmo que você nunca possa provar cientificamente para ninguém que a sua certeza da confiabilidade de seu amigo é justificada. Da mesma forma, sua *experiência* da fé lhe dá a certeza de que Deus é merecedor de sua fé.

Isso, por sua vez, significa que qualquer dúvida que você tenha é relativamente pouco importante. Você continua a confiar, continua a ter fé, mesmo enquanto continua a fazer perguntas sobre Deus, sobre Cristo e sobre a Igreja, a fim de ampliar o seu entendimento. Dúvidas sérias quanto à fé em si simplesmente não entram no cenário, porque você *conhece* Aquele em quem confia. Mesmo nos momentos obscuros, em que Deus parece estar a milhões de quilômetros de distância, você sabe que ele está mais próximo de você do que você está de si mesmo e que é sempre, sempre, merecedor de completa confiança.

Claro que a analogia com a amizade tem seus limites. Deus, afinal, não é alguém que possamos ver, ouvir e tocar, como fazemos com um amigo humano. Em conseqüência, pode ser fácil duvidar da realidade de Deus considerando apenas essa base, especialmente numa época que dá um valor tão grande às indicações dos sentidos. A fé depende da experiência humana efetiva de Deus, mas tal experiência pode parecer impossível numa cultura secular e num mundo que presencia crueldades colossais. A dúvida pode parecer a única postura razoável em tal mundo, mesmo a dúvida ao ponto do ateísmo. De fato, às vezes parece que os ateístas humanistas vivem com mais honestidade e mais compaixão do que muitas das chamadas pessoas de fé.

No âmago dessa situação, porém, está a necessidade de rejeitar imagens ou entendimentos falsos ou inadequados de Deus. Não é infreqüente que o "ateísmo" de uma pessoa seja pouco mais do que a sua rejeição a imagens inadequadas de Deus. A fé autêntica não tem nada a ver com concepções simplistas de Deus. Na verdade, não é incomum que um "ateísmo" que rejeite imagens inadequadas de Deus, mas viva com compaixão, esteja mais próximo da verdade do que uma "fé" com pouca sensibilidade para as necessidades dos outros e pouca sensibilidade para a presença de Deus na vida comum do dia-a-dia.

A verdade é que até mesmo pessoas que crêem com sinceridade podem se perceber em momentos de dúvida e mesmo de descrença. Os males tremendos do século XX, tão recentemente terminado, não podem deixar de tocar o coração e o intelecto das pessoas de fé. O que importa, no entanto, é que momentos como esses não se apossam permanentemente do coração. Ou seja, nós não acreditamos que a falta de sentido seja a palavra final em coisa alguma. Ao contrário, encarar continuamente o escuro das perversidades sociais e da insensata crueldade humana, e não negar a sua realidade, com freqüência leva aquele que crê a uma fé ainda mais profunda.

> Esta fé é com freqüência "desguarnecida"; o que sentimos não é fé, mas raiva e medo, dúvida e amargura. No entanto, em momentos de crise, o que se esfacela em nós pode ser um sistema de crenças falso ou imaturo e não a própria fé. Quando passamos pelas "noites escuras" que a vida nos oferece, o que havia se tornado em nós talvez autoconfiança e auto-suficiência, ou um sistema de crenças pretensioso, severo e intolerante, pode ser remodelado numa fé madura que não se prende a um sistema ou mesmo a sentimentos de fé, mas apenas a Deus[5].

Em outras palavras, a escuridão e o mal podem ser oportunidades para purificar a nossa fé, para nos conduzir a uma fé que seja menos infantil e mais madura. Uma fé que não consegue encarar e lidar com a dúvida é uma fé que se apega a uma imagem de Deus e a um entendimento de fé inadequados.

Repetindo, fé e dúvida andam juntas, são dois lados da mesma moeda. A experiência de verdadeira dúvida nunca é uma experiência fácil. Mas é uma oportunidade para deixar para trás uma fé imatura e crescer numa fé adequada para um adulto. Seria possível até mesmo dizer que a dúvida pode ser uma ocasião de graça, um dom de Deus que o convida a chegar mais perto d'Aquele que é o Pai de Jesus e o seu Pai também.

---

5. Mary Ann FATULA, OP, Faith, in Michael DOWNEY (org.), *The new dictionary of catholic spirituality*, 387.

POSFÁCIO

Então, o que é *a fé?*

Agora que examinamos o que a fé *não* é, é natural que perguntemos o que a fé *é*. Num certo sentido, é mais fácil falar sobre o que a fé não é do que explicar o que a fé é, porque — como deve estar claro agora — a fé é um grande mistério, talvez *o* grande mistério. O que a fé *é* poderia facilmente ser tema de outro livro completo. Pois a fé cristã é o mistério do encontro humano com Deus no Cristo Ressuscitado.

De fato, precisamos fazer uma distinção antes de avançar mais. É a seguinte: a fé tem tanto um sentido objetivo como um sentido subjetivo. Objetivamente, *fé* refere-se à "verdade revelada em que acreditamos"[1]. Isto é o que pretendemos dizer quando falamos da "fé". A referência é a toda a tradição cristã — mais especificamente a católica — como a fonte e o "repositório" da verdade revelada a nós em Cristo. Uma vez mais, você poderia recitar o Credo dos Apóstolos ou o Credo Niceno para um resumo dessa verdade.

O sentido subjetivo de *fé* é do que trata a maior parte deste livro. A referência aqui é ao "compromisso subjetivo e pessoal com Deus",

---

1. O'COLLINS, FARRUGIA, *A concise dictionary of theology*, 86.

que é "possibilitado pela ajuda do Espírito Santo" e é "uma resposta livre, razoável e total... por meio da qual confessamos a verdade sobre a autorevelação divina realizada definitivamente em Cristo (Jo 20,31; Rm 10,9) e confiamos nosso futuro a Deus (Rm 6,8; Hb 11,1)"[2].

Essa é a resposta técnica para responder à pergunta "O que é a fé?" Dado o tom deste livro, porém, é justo que tentemos dar uma resposta mais pessoal e mais evocativa a essa pergunta.

A fé, a fé cristã numa perspectiva católica, é antes de tudo a relação ou a intimidade pessoal entre o Cristo Ressuscitado e a comunidade daqueles que tentam responder a esse chamado de viver de acordo com a Boa Nova do amor incondicional de Deus por todas as pessoas e por toda a criação. Devido à participação da pessoa nessa comunidade de fé, para cada um a fé é uma relação amorosa contínua com Cristo e, em analogia, tem as mesmas características de qualquer relação amorosa humana. Ela tem seus altos e baixos e, às vezes, pode parecer estar além da compreensão, enquanto em outros momentos pode parecer tão óbvia e clara quanto possível.

A fé dá um tipo de "conhecimento" que amigos íntimos ou marido e mulher têm um do outro. A fé também proporciona conhecimento de um tipo mais cognitivo, o tipo de conhecimento sobre o sentido da vida encontrado nas Escrituras, por exemplo, assim como os tipos de conhecimento dados pela Tradição sagrada.

Quando se tenta viver como uma pessoa de fé, uma pessoa que tem, de fato, uma relação amorosa pessoal com o Senhor Ressuscitado e com o seu povo, a Igreja, quer-se passar tempo com ele e quer-se passar tempo no contexto de uma comunidade de fé. Portanto, isso significa que você se torna uma pessoa de oração, alguém para quem a oração, em uma forma ou outra, é uma realidade diária. Significa também que você sente que pertence à comunidade de fé no mundo inteiro e que se sente naturalmente atraído a estar com essa comunidade onde o Espírito de Cristo está presente de modo mais pleno. Você se torna uma pessoa que quer participar regularmente das ocasiões em que a comunidade de fé se reúne para celebrar a Eucaristia.

---

2. Ibid.

A fé também tem uma natureza instigante. Sua fé — seu relacionamento com Cristo — empurra-o, cutuca-o o tempo todo, para ser mais e melhor, para ser mais clemente, mais paciente, mais compassivo, mais corajoso. A sua fé incita-o a ser mais amoroso, esperançoso e alegre do que seria de outra maneira.

Quando se trata de falar da fé, a inclinação é falar demais ou fechar a boca e não falar nada. A experiência de fé pode ser tão profunda que qualquer uma dessas atitudes é uma opção. Quer falemos demais sobre a fé, quer não falemos nada dela, podemos estar fazendo a escolha errada. Deveríamos tentar um meio termo satisfatório? Talvez. Podemos perguntar o que é possível aprender sobre isso na Tradição. São Francisco de Assis certa vez disse algo no sentido de que a nossa fé deve ser tão importante para nós que às vezes podemos até mesmo querer falar sobre ela. Sua intenção foi dizer que o mais importante é *viver* a nossa fé; falar sobre ela é de importância secundária.

Este é um ponto importante numa sociedade em que, ao menos em certos círculos, fala-se mais do que o suficiente *sobre* fé. Precisamos de mais pessoas que *vivam* a sua fé, pois já há gente mais do que suficiente disposta a falar *sobre* a fé, e às vezes falar pode ser de pouco valor. Sim, há momentos em que precisamos ser capazes de verbalizar a nossa fé. Porém, na maior parte do tempo, o melhor testemunho da fé autêntica é uma vida vivida *em* fé.

Poderíamos prosseguir indefinidamente. Em essência, porém, a fé é um mistério não-comprovável. A fé não deve ser vista como algo corriqueiro. Com uma coisa, porém, pode-se contar: a fé é um dom que Deus concederá aos que a pedem. De fato, pedir fé é já ter fé. No instante em que você pede, o dom da fé autêntica é seu.

Depois que você tiver o dom da fé, será preciso, claro, nutri-lo e cultivá-lo como se faz com qualquer delicada plantinha nova. Deus lhe dá o dom da fé e ele parece uma pequena semente, mas com o sol e a chuva da oração e da participação na vida da Igreja e nos sacramentos, o dom da fé criará raízes e crescerá até ficar como a mais forte das árvores da floresta. Com isso você pode contar.

No fim, porém, talvez nos sejam mais úteis algumas palavras de um dos Padres do Deserto, eremitas cristãos que viveram nos desertos do Egito e da Síria durante os séculos IV e V: "O abade Sisoé disse: 'Procura Deus, e não onde Deus vive'"[3].

Este é o resumo da fé autêntica; ela sempre procura Deus em si mesmo e por si mesmo. A fé autêntica reconhece "onde Deus vive" — o que inclui palavras sobre Deus, rituais e instituições religiosas — como algo necessário e valioso. Porém, a fé autêntica está sempre em guarda para não permitir que qualquer um dos lugares onde Deus vive venha a substituir Deus.

---

3. *Desert wisdom: Sayings from the Desert Fathers*, trad. ingl. Yushi Nomura, Maryknoll, NY, Orbis Books, 2001, 3.

DISTRIBUIDORES DE EDIÇÕES LOYOLA

Se o(a) senhor(a) não encontrar qualquer um de nossos livros em sua livraria preferida ou em nossos distribuidores, faça o pedido por reembolso postal à Rua 1822 nº 347, Ipiranga, 04216-000, São Paulo, SP • Caixa Postal 42.335, 04218-970, São Paulo, SP • Telefone: (11) 6914-1922 • Fax: (11) 6163-4275 • Home page e vendas: www.loyola.com.br • e-mail: vendas@loyola.com.br

AMAZONAS

EDITORA VOZES LTDA
Rua Costa Azevedo, 91 – Centro
Tel.: (92) 233-5777 • Fax: (92) 233-0154
69010-230 **Manaus**, AM
e-mail: vozes61@uol.com.br

LIVRARIAS PAULINAS
Av. 7 de Setembro, 665
Tel.: (92) 633-4251/233-5130 • Fax: (92) 633-4017
69005-141 **Manaus**, AM
e-mail: livmanaus@paulinas.org.br

BAHIA

LIVRARIA E DISTRIB. MULTICAMP LTDA
Rua Direita da Piedade, 203 – Piedade
Tel.: (71) 329-0326 / 329-1381
Telefax.: (71) 329-0109
40070-190 **Salvador**, BA
e-mail: multicamp@uol.com.br

EDITORA VOZES LTDA
Rua Carlos Gomes, 698A – Conjunto Bela Center – loja 2
Tel.: (71) 329-5466 • Fax: (71) 329-4749
40060-410 **Salvador**, BA
e-mail: vozes20@uol.com.br

LIVRARIAS PAULINAS
Av. 7 de Setembro, 680 – São Pedro
Tel.: (71) 329-2477/329-3668 • Fax: (71) 329-2546
40060-001 **Salvador**, BA
e-mail: livsalvador@paulinas.org.br

BRASÍLIA

EDITORA VOZES LTDA
SCLR/Norte – Q. 704 – Bloco A n. 15
Tel.: (61) 326-2436 • Fax: (61) 326-2282
70730-516 **Brasília**, DF
e-mail: vozes09@uol.com.br

LIVRARIAS PAULINAS
SCS – Q. 05 – Bl. C – Lojas 19/22 - Centro
Tel.: (61) 225-9595 • Fax: (61) 225-9219
70300-500 **Brasília**, DF
e-mail: livbrasilia@paulinas.org.br

CEARÁ

EDITORA VOZES LTDA
Rua Major Facundo, 730
Tel.: (85) 231-9321 • Fax: (85) 221-4238
60025-100 **Fortaleza**, CE
e-mail: vozes23@uol.com.br

LIVRARIAS PAULINAS
Rua Major Facundo, 332
Tel.: (85) 226-7544 / 226-7398 • Fax: (85) 226-9930
60025-100 **Fortaleza**, CE
e-mail: livfortaleza@paulinas.org.br

ESPÍRITO SANTO

LIVRARIAS PAULINAS
Rua Barão de Itapemirim, 216 - Centro
Tel.: (27) 3223-1318 / 0800-15-712 • Fax: (27) 3222-3532
29010-060 **Vitória**, ES
e-mail: livvitoria@paulinas.org.br

GOIÁS

LIVRARIA ALTERNATIVA
Rua 70, nº 124 - Setor Central
Tel: (62) 229-0107 / 224-4292 • Fax: (62) 212-1035
74055-120 **Goiânia**, GO
e-mail: distribuidora@livrariaalternativa.com.br

EDITORA VOZES LTDA
Rua 3, nº 291
Tel.: (62) 225-3077 • Fax: (62) 225-3994
74023-010 **Goiânia**, GO
e-mail: vozes27@uol.com.br

LIVRARIAS PAULINAS
Av. Goiás, 636
Tel.: (62) 224-2585/224-2329 • Fax: (62) 224-2247
74010-010 **Goiânia**, GO
e-mail: livgoiania@paulinas.org.br

MARANHÃO

EDITORA VOZES LTDA
Rua da Palma, 502 – Centro
Tel.: (98) 221-0715 • Fax: (98) 231-0641
65010-440 **São Luís**, MA
e-mail: livrariavozes@terra.com.br

LIVRARIAS PAULINAS
Rua de Santana, 499 – Centro
Tel.: (98) 232-3068 / 232-3072 • Fax: (98) 232-2692
65015-440 **São Luís**, MA
e-mail: fspsaoluis@elo.com.br

MATO GROSSO

EDITORA VOZES LTDA
Rua Antônio Maria Coelho, 197A
Tel.: (65) 623-5307 • Fax: (65) 623-5186
78005-970 **Cuiabá**, MT
e-mail: vozes54@uol.com.br

MARCHI LIVRARIA E DISTRIBUIDORA LTDA
– LIVRARIA VOGAL –
Av. Getúlio Vargas, 381 – Centro
Tel.: (65) 3226-9677 • Fax: (65) 322-3350
78005-600 **Cuiabá**, MT
e-mail: fmarchi@terra.com.br

MINAS GERAIS

EDITORA VOZES LTDA
Rua Sergipe, 120 – loja 1
Tel.: (31) 3226-9010 • Fax: (31) 3226-7797
30130-170 **Belo Horizonte**, MG
e-mail: vozes04@uol.com.br

EDITORA VOZES LTDA
Rua Tupis, 114
Tel.: (31) 3273-2538 • Fax: (31) 3222-4482
30190-060 **Belo Horizonte**, MG
e-mail: vozes32@uol.com.br

Rua Espírito Santo, 963
Tel.: (32) 3215-9050 • Fax: (32) 3215-8061
36010-041 **Juiz de Fora**, MG
e-mail: vozes35@uol.com.br

ASTECA DISTRIBUIDORA DE LIVROS LTDA.
Rua Costa Monteiro, 50 e 54
Bairro Sagrada Família
Tel.: (31) 3423-7979 • Fax: (31) 3424-7667
31030-480 **Belo Horizonte**, MG
e-mail: distribuidora@astecabooks.com.br

LIVRARIAS PAULINAS
Av. Afonso Pena, 2142
Tel.: (31) 3269-3700 • Fax: (31) 3269-3730
30130-007 **Belo Horizonte**, MG
e-mail: livbelohorizonte@paulinas.org.br

Rua Curitiba, 870 - Centro
Tel.: (31) 3224-2832 • Fax (31) 3224-2208
30170-120 **Belo Horizonte**, MG
e-mail: gerencialivbelohorizonte@paulinas.org.br

MÃE DA IGREJA LTDA
Rua São Paulo, 1054/1233 – Centro
Tel.: (31) 3213-4740 / 3213-0031
30170-131 **Belo Horizonte**, MG
e-mail: maedaigrejabh@wminas.com

PARÁ

LIVRARIAS PAULINAS
Rua Santo Antônio, 278 – Bairro do Comércio
Tel.: (91) 241-3607 / 241-4845 • Fax: (91) 224-3482
66010-090 **Belém**, PA
e-mail: livbelem@paulinas.org.br

PARANÁ

EDITORA VOZES LTDA
Rua Voluntários da Pátria, 41– Loja 39
Tel.: (41) 233-1392 • Fax: (41) 224-1442
80020-000 **Curitiba**, PR
e-mail: vozes21@uol.com.br

Rua Senador Souza Neves, 158-C
Tel.: (43) 3337-3129 • Fax: (43) 3325-7167
86020-160 **Londrina**, PR
e-mail: vozes41@uol.com.br

LIVRARIA MILLENIUM LTDA.
Rua Dr. Goulin, 1523 – Hugo Lange
Tel.: (41) 362-0296 / 262-8992
Fax: (41) 362-0296 / 362-1367
80040-280 **Curitiba**, PR
e-mail: livraria@milleniumlivraria.com.br

LIVRARIAS PAULINAS
Rua Voluntários da Pátria, 225
Tel.: (41) 224-8550 • Fax: (41) 223-1450
80020-000 **Curitiba**, PR
e-mail: livcuritiba@paulinas.org.br

Av. Getúlio Vargas, 276 – Centro
Tel.: (44) 226-3536 • Fax: (44) 226-4250
87013-130 **Maringá**, PR
e-mail: livmaringa@paulinas.org.br

PERNAMBUCO, PARAÍBA, ALAGOAS, RIO GRANDE DO NORTE E SERGIPE

EDITORA VOZES LTDA
Rua do Príncipe, 482
Tel.: (81) 3423-4100 • Fax: (81) 3423-7575
50050-410 **Recife**, PE
e-mail: vozes10@uol.com.br

LIVRARIAS PAULINAS
Rua Duque de Caxias, 597 – Centro
Tel.: (83) 241-5591 / 241-5636
Fax: (83) 241-6979
58010-821 **João Pessoa**, PB
e-mail: livjpessoa@paulinas.org.br

Rua Joaquim Távora, 71
Tel.: (82) 326-2575 • Fax: (82) 326-6561
57020-320 **Maceió**, AL
e-mail: livmaceio@paulinas.org.br

Rua João Pessoa, 224 – Centro
Tel.: (84) 212-2184 • Fax: (84) 212-1846
59025-500 **Natal**, RN
e-mail: livnatal@paulinas.org.br

Rua Frei Caneca, 59 – Loja 1
Tel.: (81) 3224-5812 / 3224-6609
Fax: (81) 3224-9028 / 3224-6321
50010-120 **Recife**, PE
e-mail: livrecife@paulinas.org.br

RIO DE JANEIRO

ZÉLIO BICALHO PORTUGAL CIA. LTDA
Vendas no Atacado e no Varejo
Av. Presidente Vargas, 502 – sala 1701
Telefax: (21) 2233-4295 / 2263-4280
20071-000 **Rio de Janeiro**, RJ
e-mail: zeliobicalho@prolink.com.br

Rua Marquês de S. Vicente, 225 – PUC
Prédio Cardeal Leme – Pilotis
Telefax: (21) 2511-3900 / 2259-0195
22451-041 **Rio de Janeiro**, RJ

Centro Tecnologia – Bloco A – UFRJ
Ilha do Fundão – Cidade Universitária
Telefax: (21) 2290-3768 / 3867-6159
21941-590 **Rio de Janeiro**, RJ

EDITORA VOZES LTDA
Rua México, 174 - Sobreloja - Centro
Telefax: (21) 2215-0110 / (21) 2220-8546
20031-143 **Rio de Janeiro**, RJ
e-mail: vozes42@uol.com.br

Rua do Imperador, 834 – Centro
Telefax: (24) 2233-9000 – Ramal 9045
25620-001 **Petrópolis**, RJ
e-mail: vozes62@uol.com.br

LIVRARIAS PAULINAS
Rua 7 de Setembro, 81-A
Tel.: (21) 2232-5486 • Fax: (21) 2224-1889
20050-005 **Rio de Janeiro**, RJ
e-mail: livjaneiro@paulinas.org.br

LIVRARIAS PAULINAS
Rua Dagmar da Fonseca, 45 – Loja A/B – B. Madureira
Tel.: (21) 3355-5189 / 3355-5931 • Fax: (21) 3355-5929
21351-040 **Rio de Janeiro**, RJ
e-mail: livmadureira@paulinas.org.br

Rua Doutor Borman, 33 – Rink
Tel.: (21) 2622-1219 • Fax: (21) 2622-9940
24020-320 **Niterói**, RJ
e-mail: livniteroi@paulinas.org.br

RIO GRANDE DO SUL

EDITORA VOZES LTDA
Rua Ramiro Barcelos, 386/390
Tel.: (51) 3225-4879 • Fax: (51) 3225-4979
90035-000 **Porto Alegre**, RS
e-mail: vozes19@uol.com.br

Rua Riachuelo, 1280
Tel.: (51) 3226-3911 • Fax: (51) 3226-3710
90010-273 **Porto Alegre**, RS
e-mail: vozes05@uol.com.br

LIVRARIAS PAULINAS
Rua dos Andradas, 1212 - Centro
Tel.: (51) 3221-0422 • Fax: (51) 3224-4354
90020-008 **Porto Alegre**, RS
e-mail: livpalegre@paulinas.org.br

RONDÔNIA

LIVRARIAS PAULINAS
Rua Dom Pedro II, 864 - Centro
Tel.: (69) 224-4522 • Fax: (69) 224-1361
78900-010 **Porto Velho**, RO
e-mail: fsp-pvelho@ronet.org.br

SANTA CATARINA

EDITORA VOZES
Rua Jerônimo Coelho, 308
Tel.: (48) 222-4112 • Fax: (48) 222-1052
88010-030 **Florianópolis**, SC
e-mail: vozes45@uol.com.br

SÃO PAULO

DISTRIBUIDORA LOYOLA DE LIVROS LTDA
Vendas no Atacado
Rua São Caetano, 959 – Luz
Tel.: (11) 3322-0100 • Fax: (11) 3322-0101
01104-001 **São Paulo**, SP
e-mail: vendasatacado@livloyola.com.br

Vendas no Varejo
Rua Senador Feijó, 120
Telefax: (11) 3242-0449
01006-000 **São Paulo**, SP
e-mail: senador@livloyola.com.br

Rua Barão de Itapetininga, 246
Tel.: (11) 3255-0662 • Fax: (11) 3231-2340
01042-001 **São Paulo**, SP
e-mail: loyola_barao@terra.com.br

Rua Quintino Bocaiúva, 234 – Centro
Tel.: (11) 3105-7198 • Fax: (11) 3242-4326
01004-010 **São Paulo**, SP
e-mail: atendimento@livloyola.com.br

EDITORA VOZES LTDA
Rua Senador Feijó, 168
Tel.: (11) 3105-7144 • Fax: (11) 3105-7948
01006-000 **São Paulo**, SP
e-mail: vozes03@uol.com.br

Rua Haddock Lobo, 360
Tel.: (11) 3256-0611 • Fax: (11) 3258-2841
01414-000 **São Paulo**, SP
e-mail: vozes16@uol.com.br

Rua dos Trilhos, 627 – Mooca
Tel.: (11) 6693-7944 • Fax: (11) 6693-7355
03168-010 **São Paulo**, SP
e-mail: vozes37@uol.com.br

Rua Barão de Jaguara, 1164/1166
Tel.: (19) 3231-1323 • Fax: (19) 3234-9316
13015-002 **Campinas**, SP
e-mail: vozes40@uol.com.br

Centro de Apoio aos Romeiros
Setor "A", Asa "Oeste"
Rua 02 e 03 – Lojas 111 / 112 e 113 / 114
Tel.: (12) 564-1117 • Fax: (12) 564-1118
12570-000 **Aparecida**, SP
e-mail: vozes56@uol.com.br

LIVRARIAS PAULINAS
Rua Domingos de Morais, 660 - Vila Mariana
Tel.: (11) 5081-9330 • Fax: (11) 5549-7825
04010-100 **São Paulo**, SP
e-mail: livdomingos@paulinas.org.br

Rua XV de Novembro, 71
Tel.: (11) 3106-4418 / 3106-0602 • Fax: (11) 3106-3535
01013-001 **São Paulo**, SP
e-mail: liv15@paulinas.org.br

Via Raposo Tavares, km 19,145
Tel.: (11) 3782-1889 / 3782-0096 • Fax: (11) 3782-0972
05577-300 **São Paulo**, SP
e-mail: expedicao@paulinas.org.br

Av. Marechal Tito, 981
São Miguel Paulista
Tel.: (11) 6297-5756
Fax: (11) 6956-0162
08010-090 **São Paulo**, SP
e-mail: livsmiguel@paulinas.org.br

PORTUGAL

MULTINOVA UNIÃO LIV. CULT.
Av. Santa Joana Princesa, 12 E
Tel: (00xx351 21) 842-1820 / 848-3436
1700-357 **Lisboa**, Portugal

DISTRIBUIDORA DE LIVROS VAMOS LER LTDA.
Rua 4 de infantaria, 18-18A
Tel.: (00xx351 21) 388-8371 / 60-6996
1350-006 **Lisboa**, Portugal

EDITORA VOZES
Av. 5 de outubro, 23
Tel.: (00xx351 21) 355-1127
Fax: (00xx351 21) 355-1128
1050-047 **Lisboa**, Portugal

Edições Loyola

Editoração, Impressão e Acabamento
Rua 1822, n. 347 • Ipiranga
04216-000 SÃO PAULO, SP
Tel.: (0**11) 6914-1922